審査委員の目にとまる、心をつかむ

狙って獲りにいく！

採択される申請書のまとめ方

科研費

KAKENHI

Grants-in-Aid for Scientific Research

海洋研究開発機構（JAMSTEC）
グループリーダー

中嶋亮太

RYOTA NAKAJIMA

Subarusya

はじめに

科研費は、人文学、社会科学から自然科学までの全ての分野にわたり、基礎から応用までのあらゆる「学術研究」（研究者の自由な発想に基づく研究）を格段に発展させることを目的とする「競争的研究費」であり、ピアレビュー（同業者（peer）が審査すること（review）で、科研費においては、学術研究の場で切磋琢磨し「知の創造」の最前線を知る研究者が審査、評価するシステム）による審査を経て、独創的・先駆的な研究に対する助成を行うものです。

（日本学術振興会）

◎科研費は「ピアレビュー方式」

科研費の審査委員と聞くと、その道のお偉いさんや大先生をイメージしてしまうかもしれないが、実際は自分と同じ現役の研究者に読まれ、評価される。完全なピアレビュー方式だ。ただし、かなり分野外の研究者にも審査される点が論文の査読とは異なる。

科研費申請には、ある程度「書き方・まとめ方」が存在するので、そのノウハウを代々引き継いでコンスタントに研究費を取り続けているラボ・研究者は一定数いる。一方で、申請の4分の3は落とされるわけなので、「また落ちた…」「どうしたら採択になるの…」という状態を続けている人も多い。

・落ち続けていて肩身が狭く、「コツ」を知りたい人
・周りに聞ける人もいない中、我流で申請せざるを得ない人
・初めての申請で勝手がわからない人

このような方々を想定して、本書の制作はスタートした。そのため、基盤研究(B)(C)、若手研究、挑戦的研究（萌芽）など、そう多額でない研

究種目の情報を中心にしている。

◎今あわててこれを読むあなたは半分落ちたも同然

　科研費シーズンになって「書かなきゃ！今年は何のネタで書こう…」と準備するような年は、えてして申請は通らないという研究者は多い。逆に、受かる年は、あらかじめ構想が練られていて書くことが決まっている。悩む間もなく書き始めていける。

　「筆が進まない」という時は計画に無理があったりして大抵通らないものだ。そんな人は、来年の申請のためと思って読み始めてほしい。

　本のつまみ読みで通るほど申請は甘くないが、知って、すぐやってみるだけで見違えるようなポイントもある。**第1章**の1～9のポイントを読み、できることはすべて押さえよう。

◎心地よい申請書を書く

　審査委員も人間だ。読んで「心地よい」申請書がうれしい。

　短時間でさばくので、見た目の心地よさは必須。内容がしっかりしている、整合性がある、本人の意欲や研究の将来性も感じられれば、さらに心地よい申請書になる。そのように書くための必要事項はすべて**第1章**で取り上げる。

　第2章は、審査委員の最終的な判定目線を知るための章だ。審査委員はどんな申請書に高評価を与えるのか、たくさん研究費を獲っている人がどの部分に注意をしているのかなどを紹介し解説する。

　第3章は、実際に提出された申請書を見ていく。
・教え諭すような申請書
・採択・不採択の出来栄え比較
・不採択申請を刷新して翌年採択を獲得したケース
などを紹介するとともに、著者自身の基盤研究(B)の申請書を全文掲載する。

　読んだあとは、過去の落ちた申請書を見返してみる。「全然だめじゃん！」と思うかもしれない。「惜しい、ここさえなければ通ったのかも」

と答えが見つかったら、次に生かす。

◎書き方ではなくまとめ方

　この本は著者の申請経験だけで書きおろしてはいない。

　職場内にいる、審査委員を経験した人、研究費をいつも獲る人、申請書の採否を見届けてきた事務担当者らに、採択の秘訣を尋ね歩いた。書き手というよりまとめ役である。

　本書のタイトルも、**「採択される申請書のまとめ方」** とした。申請書は、ただ書いて終わり、見栄えを揃えて終わり、ではない。

　自分の立てた問い、解明への熱意、破綻のない計画、展望などを、紙にのせてまとめ上げていく作業だ。

◎理系・文系の別なく利用できる

　私の所属機関は国立研究開発法人海洋研究開発機構（JAMSTEC）。掲載する申請書は理系分野であるが、決して理系向け・理系研究者限定の本ではない。

　このあと本文で述べるが、申請書の書き方は、

「高校生にもわかるように書く」

「専門用語は（なるべく）使わない」

が二大ルール。そのように書かれた申請書なので、どの分野の方も読んで理解できる。

　科研費の制度は研究者が利用しやすいように年々改正されており、本書でどこまでふれていくか、試行錯誤しながら制作した。一人でも多くの方の申請に役立ち、ご感想やご叱正を反映しながら版を重ねていければ幸いである。

　令和４年盛夏

中嶋　亮太

目次 ....

第1章　読み手をひきつける申請書 おさえておくべき9のポイント
.... **15**

目次 ....

Editor　　Yuko Tamaki
Lay-out　Takaaki Ikeda

申請書（研究計画調書）のページ構成
（令和5年度分 基盤C）

表紙の裏

表紙

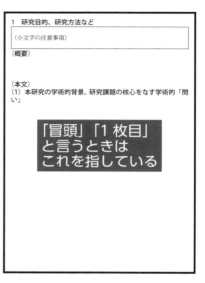

1　研究目的、研究方法など

（小文字の注意事項）

（概要）

（本文）
（1）本研究の学術的背景、研究課題の核心をなす学術的「問い」

「冒頭」「1枚目」と言うときはこれを指している

【1　研究目的、研究方法など（つづき）】

（2）本研究の目的および学術的独自性と創造性

（3）本研究の着想に至った経緯や、関連する国内外の研究動向と本研究の位置づけ

（4）本研究で何をどのように、どこまで明らかにしようとするのか

（5）本研究の目的を達するための準備状況

2 応募者の研究遂行能力及び研究環境

(小文字の注意事項)

(1) これまでの研究活動

【2 応募者の研究遂行能力及び研究環境（つづき）】

(2) 研究環境

3 人権の保護及び法令等の遵守への対応

(小文字の注意事項)

4 研究計画最終年度前年度応募を行う場合の記述事項

(小文字の注意事項)

研究種目名	課題番号	研究課題名	研究期間

当初研究計画及び研究成果

前年度応募する理由

研究費の応募・受入等の状況

（1）応募中の研究費

（2）受入予定の研究費

【共通】研究経費とその必要性

年度	設備備品費の明細					消耗品費の明細	
	品名・仕様	設置機関	数量	単価	金額	事項	金額

年度	国内旅費の明細		外国旅費の明細		人件費・謝金の明細		その他の明細	
	事項	金額	事項	金額	事項	金額	事項	金額

〇申請書の流れを大まかにつかむための参考資料です
〇必ず研究種目ごとに、学振サイトで最新情報をご確認ください

13

本書利用上の注意点

◎「申請書」という記載はすべて、「研究計画調書」を指します。

◎申請書のライティング方法を解説する書籍です。申請手続や審査方法などにふれている箇所もありますが、書き方を解説するための補助情報です。最新情報や詳細は、必ず日本学術振興会（学振）の Web サイトで調べる、所属研究機関に確認するなどしてください。

◎本書に掲載している申請書は、解説上の必要性や研究情報の保護のため、適宜改変しています。また、申請書内の小文字の注意書きは毎年少しずつ変更がありますが、申請当時の文言のまま掲載しています。

◎掲載内容は、令和 4 年初版制作時の情報に基づきますが、改正点等は重版の都度反映しております。

▶▶▶▶　外カバーの内側に、カラーで作成された図版を掲載しています。申請者本人が作成したものです。カバーをはずしてご覧ください。

第1章
読み手をひきつける申請書 おさえておくべき9のポイント

研究種目一覧

	期間	金額	補助金・基金
特別推進研究	原則3～5年間	2億円以上5億円まで	補助金
学術変革領域研究（A）	5年間	1研究領域単年度あたり原則5,000万円以上3億円まで	補助金
学術変革領域研究（B）	3年間	1研究領域単年度あたり5,000万円以下	補助金
基盤研究（S）	原則5年間	5,000万円以上2億円以下	補助金
基盤研究（A）	3～5年間	2,000万円以上5,000万円以下	補助金
基盤研究（B）		500万円以上2,000万円以下	基金
基盤研究（C）		500万円以下	基金
挑戦的研究（開拓）	3～6年間	500万円以上2,000万円以下	基金
挑戦的研究（萌芽）	2～3年間	500万円以下	基金
若手研究	2～5年間	500万円以下	基金
研究活動スタート支援	1～2年間	単年度あたり150万円以下	基金
奨励研究	1年間	10万円以上100万円以下	補助金

補助金・基金共に年度ごと支払われる。補助金を次年度に繰り越すには手続きを要するが、基金は補助事業期間内で自由に使える。使い勝手の良い基金へと移行が進んでいる。

本書においては、基盤研究（A）は「基盤A」
研究活動スタート支援は「研スタ」
挑戦的萌芽は「萌芽」のように略記する。

重要
審査の常識
審査委員はとても忙しい

審査の常識　審査委員はとても忙しい

多忙な審査委員に優しい、審査委員目線の申請書を準備する

◆申請書は、基本「全部読まれない」と思ったほうがよい

　審査委員は、申請者と同じく現役の研究者。研究や学生指導等のかたわら、ほぼボランティアで審査を引き受けている。1人あたりの審査件数がとても多いうえに、まったく専門外の申請書も審査しなくてはいけない。

　基盤Cや萌芽のように金額が少ない課題ほど1人の審査委員がこなす件数は多い。たとえば、基盤Cでは委員1人あたりの件数は少し前まで100件〜150件もあった。ボリュームは電話帳2冊分だ。萌芽は100件前後、基盤Bは50件〜100件くらいを1人がさばく。最近では委員の負担を減らすために、基盤Cも100件程度に抑えられている＊ようだが、それでも山のような申請書を見ることに変わりはない。

　委員はこれら大量の申請書を1カ月程度で審査し、200字程度のコメントまで書かねばならず、空欄は不可だ。だから「1日30分」「1日10件」のように自分にノルマを課して見ている。すべての書類を隅から隅まで読めば膨大な時間がかかってしまうし、そんな暇はない。当然、1件の審査にかける時間はとても短い。だいたい10分〜15分くらいで、時には5分以下のこともある。読みにくい申請書はパラパラと斜め読みされて終わり。

　申請書は「丁寧には読まれない」と思って臨むのが正解。もちろんまったく読まないわけではなく、判断に必要な箇所だけピンポイントで読んでいく場合がほとんど。こちらはそのことを意識して書かないといけない。

　さらにもう一つ大事なことがある。審査委員は老眼かもしれないのだ。だから目に優しい、見やすい申請書に仕上げることも忘れてはならない。

　審査委員事情をざっくりと数字中心にまとめる。

17

・1件あたり10数ページの、びっしり書かれた申請書

・11月初旬〜12月中旬が審査期間（基盤B・C、若手）

・みな忙しく、使える日数は実質2週間程度

・「1日10件」などと自分にノルマを課してつぶしていく

・専門外の申請書がほとんど

・1件にかける時間は10分〜15分程度（5分のこともある）

・200字程度の評価文を書く（空欄不可）

　以上を、人によっては老眼とせめぎ合いながら行う

＊ 2019年3月15日「科研費改革推進タスクフォースにおける議論のまとめ」（改訂版）に基づいて記載。

https://www.mext.go.jp/b_menu/shingi/gijyutu/gijyutu4/045/shiryo/__icsFiles/afieldfile/2019/04/15/1415283_010.pdf

審査の流れ（ある委員の場合）

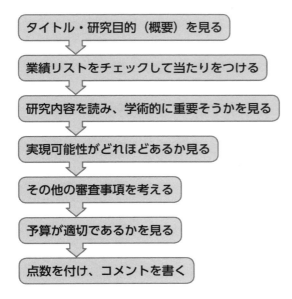

◆審査結果開示通知

　そうして採択・不採択が決まり、不採択となった分は ABC 方式でランク判定され、希望者に通知される。学振のサイトで閲覧できる通知は次のような内容だ。

[見本。数値や名称は仮]

応募者向けメニュー > 審査結果開示メニュー > 審査結果開示

研究種目名 □年度 基盤研究 (B) 一般
小 区 分 00000 □□科学関連
研究課題名 □□□□□□□□□□□□□□□□□□□□□□□□

ご応募いただいた上記研究課題の審査結果は次のとおりでした。

	応募件数	採択件数	採択率
研究種目名 基盤研究 (B) 一般	10,000 件	2,700 件	27.0%
小区分 00000 □□科学関連	30 件	8 件	26.0%

基盤研究 (B) 一般は 2 段階書面審査を実施しており、当該小委員会では□名の同一の審査委員が、個々の研究課題について 2 段階書面審査を実施し採択研究課題が決定されます。

記

1. 審査区分における採択されなかった研究課題全体の中での、書面審査の総合評点に基づくおおよその順位は「A」でした。

おおよその順位： A 審査区分における採択されなかった研究課題全体
　　　　　　　　　　の中で、上位 20% に位置していた
　　　　　　　　B 上位 21% ～ 50% に位置していた
　　　　　　　　C 上位 50% に至らなかった

2. 書面審査における評定要素ごとの評価結果

(続く)

　1 段階目の審査の各評定要素については、4 段階の絶対評価により審査を行っています。あなたの評定要素毎の審査結果は次のとおりでした。審査では、総合評点に基づき採否が決定されます。審査にあたり、高い総合評点を付す研究課題は、必ずしも、全ての個別要素において高い評価を得る必要はない旨、評定基準等で示されています。　（続く）
(1) 評定要素ごとの結果

評 定 要 素	あなたの 平均点	採択課題の 平均点
1 研究課題の学術的重要性	3.20	3.14
2 研究方法の妥当性	3.00	3.06
3 研究遂行能力及び研究環境の適切性	3.20	3.24

（参考）1 ～ 3 の評定基準
　4 優れている　　3 良好である　　2 やや不十分である
　1 不十分である
(2) 審査の際「2（やや不十分である）」又は「1（不十分である）」と
　　判断した項目（所見）
　評点 2 か 1 が付された評定要素については、そのように評価した審査委員の数を項目ごとに「*」で示しています。（最大 6 個）

→第 2 章の 1 で詳述する

　申請者の感覚と実際の結果にはしばしばギャップがある。自信がなかったのに通知は A 判定で「あと一歩だったのか」というケースもあるし、自信満々での C 判定もある。「好評価が集まったのに、2 点以下を付けた審査員が 1 人いてそれが致命傷」や「他人の採択課題名を見て自分が選んだ区分がミスマッチだったことに気がついた」など、審査後にわかることもある。

◆どんな審査委員にあたっても困らない申請書

　基本的に、あなたの研究のことを何も知らない人が読むと考えておいたほうがよい。近しい分野の研究者が審査することもあるが、そうでないことのほうが多い。だれが今年の審査委員なのかを事前に知ることは

できないから審査委員別の対策もとれない。ちなみに、審査委員と共同研究をしているなど利害関係がある人の申請については、当該委員はその審査を辞退することが求められている。

　本書は、どんな審査委員にあたっても困らない申請書を書くための本だ。落とされないためにすぐできること、審査委員から高評価をもらうにはどうしたらよいのか、審査委員の経験者や採択経験豊富な人の見解や秘策を交えながら解説していく。

●審査委員はほぼボランティアでスピード勝負
●分野外・専門外の審査委員に読まれる
●だれに読まれても困らないような申請書を作ろう

このあとの流れ

今ここ

審査の常識

**第2章
より深い「審査情報」**

審査委員の目線に立つ

**第1章　1〜9
申請書の「まとめ方」**

必ず押さえるポイント

**第3章
申請書実例**

総合的にマスター！

重要　審査の常識　審査委員はとても忙しい

1 どこに出すか？情報収集が勝負を制する

> 申請する区分を吟味して採択の可能性を少しでも高める

図　区分とは

○審査区分　　　　小区分、中区分、大区分の３つ
○審査区分表　　　審査区分表（総表）、審査区分表（小区分一覧）、

　　　　　　　　審査区分表（中区分、大区分一覧）

総表を基に、審査区分の全体像を把握し、さらに詳しい内容について、それぞれの審査区分表を確認の上、応募する審査区分を選択。

○**小区分**　　　審査区分の基本単位。基盤研究（B , C）応募区分「一般」と若手研究にある
○**中区分**　　　基盤研究（A）（応募区分「一般」）挑戦的研究（開拓・萌芽）の審査区分
○**大区分**　　　基盤研究（S）

機関番号	研究種目番号	応募区分番号	小区分	整理番号
82706	05	1	63010	0004

平成31年度（2019年度）基盤研究（B）（一般）研究計画調書

研究種目	基盤研究(B)		応募区分	一般
小区分	環境動態解析関連			
研究代表者氏名	（フリガナ）	ナカジマ リョウタ		
	（漢字等）	中嶋 亮太		

◆審査区分の探し方

　左図に示したとおり、研究種目によって審査区分は異なる。小区分で申請する基盤B・Cと若手研究は、自分の研究に合う小区分を探せばよい。基盤Aと挑戦的研究は中区分で審査されるが、最初は小区分を探し、その小区分が属する中区分に申請する。複数の中区分に属している場合は、よりフィットするほうを検討する。

> 小区分63010〔環境動態解析関連〕地球温暖化、環境変動、水・物質循環、海洋、陸域、極域、環境計測、環境モデル、環境情報、リモートセンシングなど

> 中区分63：環境解析評価およびその関連分野

> 大区分　K

◆同じ内容でも出す区分を間違えると落ちる

　区分選びはとても大切だ。自分の研究ネタと区分がフィットしていないと、優れた内容でも落ちやすい。だからどこの区分に出すのか分析は欠かせない。多くの研究には該当しそうな区分が複数あるものだ。だから適切な選択ができるか否かが分かれ道。どうすれば適切な選択ができるのか。

①審査委員名簿で各区分の審査委員の顔ぶれを確認する
　https://www.jsps.go.jp/j-grantsinaid/14_kouho/meibo.html
　まず研究種目（基盤Cなど）のうち自分が出そうと思っている区分の委員名簿をチェックする。公にされている審査委員情報は最新でも3年前のものだがそれで十分。どういう人に審査されるのかイメージしやすくなる。

審査第二部会第 00000 小委員会 [環境動態解析関連]	
機関・部局・職	氏名
○○研究所　◇◇システム研究センター	A
○○大学　　生命環境学部	B
□□研究機構　農業研究○○	C
△△大学　低温科学○○○	D
○○大学　海洋資源○○学部	E

　「2019 年基盤 B：環境動態解析関連」の審査委員情報にアクセスすると審査委員の所属機関と氏名が表示される。それぞれの氏名を「科研データベース」(https://kaken.nii.ac.jp/ja/) で追ってみる。著者の今の研究テーマは海洋プラスチックごみだが、はたして近しい分野の人は審査委員にいるのだろうか。

　主な研究ワードが、A 氏＝土木、B 氏＝森林、C 氏＝田畑、D 氏＝氷河、E 氏＝底層水であった。これだけで、近接分野の専門家に見てもらえる可能性が非常に低いことがわかる。プラスチックごみの話を、これらの方々にわかってもらえるよう書かなければならない。

②自分と似た研究分野の人がどこに出しているか調べてみる

　採択になった課題については、科研データベースで審査区分を確認できる。

　自分の研究ネタと近い分野の研究者がどこの区分に出して採択されているか調べてみよう。研究者名や研究ネタのキーワードを検索して、過去に採択された課題の「小区分」をチェックする。そうするとフィットしそうな小区分がいくつか見つかるだろう。なお、大きな研究費の場合、同じ研究機関にいるライバル（or 仲間）が似たテーマで同じ区分に出していると片方しか通らない可能性がある。そこは避けて別の区分に申請しよう。

③フィットしそうな小区分がいくつかあるとき

　科研データベースで、いくつか関係しそうな小区分が見つかったら、

それらの小区分で過去に通っている課題を調べて、自分の研究と一番関係なさそうな課題を探す。そして、「もしその課題の提案者が自分の申請書を審査しても内容を理解してくれるかどうか」を考えてみる。全然わかってくれなさそうなら、それは適切な小区分じゃないかもしれない。これが、その小区分に自分の課題がフィットしているかどうかの判断基準のひとつ。申請書を書くときも、一番関係なさそうな課題の人が読んでも理解してもらえるように書く。

④手薄な区分を探してみる

研究分野ごとのレベル格差という隠れた問題がある。伝統や人気がある分野では研究者の層が厚く、ハイレベルな申請者がひしめいていて通りづらい。一方、新興分野だと競争者は少なく、審査委員側も手薄ということで、そこそこの申請書も案外スッと通ることがある。だから区分選びで複数の選択肢があったら、区分ごとに過去の審査委員の顔ぶれ（業績）をチェックして、こちらの区分のほうが層が薄そうという感触があれば、そこを選ぶという方法もある。

決め方のステップ

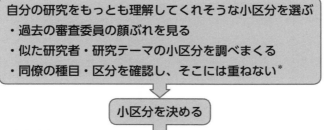

そこからさらに、

＊研究費の金額が大きい場合

このように慎重に的を絞ると採択の可能性が高まる。区分を考えず適当に出していると落ちやすい。科研データベースを活用して、落としど

ころをイメージしながら申請書を仕上げよう。

◆区分変更がうまくいったケース

　自信のある申請書だったのに（たぶん）区分ミスで落ちた！「区分を変えて再挑戦」は見込みがあるのだろうか。

　区分はデリケートで、ちょっとした内輪事情による不採択もままある。したがって、前年の不採択とまったく同じ内容でも、区分を変えるだけで勝機が訪れることはある。

①他の区分に出し直して通ったケース

　研究スタート支援で落ちた申請書を、ほぼそのままで違う分野に出したら通ったというケースがある。その申請者は、自分が落ちた小区分で採択された課題を総点検した。すると、自分の研究ネタとは異なる分野の申請書がけっこう採択されていることに気が付き、区分切りかえに踏み切って採択を得た。その経験を糧に、分野や区分の照準を念入りに合わせるようになったという。

②粘り強く改訂して同じ区分に出し続けたケース

　一方で、わき目もふらず同じ区分に出し続け、焦点が合ってついに採択という事例もある。粘り強く同じ区分に出し、不採択になるたびに審査結果を参考に改訂して出し続けたそうだ。審査委員の任期は原則として最長で 3 年（平成 30 年度より）。顔ぶれが変わるまで踏ん張るのも一つの手だ。

◆研究種目はどう選ぶ？

　ここまで区分選びの話をしたが、基盤 A・B・C、若手研究のような「研究種目」はどのように選んだらいいだろうか？

①研究の総予算を想定してみる

　ネタとして面白いから基盤 A、つまらないから基盤 C ということでは決してない。自分の研究に必要な予算を計上して、それが全部で 500 万円くらいだったら基盤 C にすればいいし、2000 万円だったら基盤 A にする、ただそれだけ。基盤 B に出して落ちた書類を、翌年そのまま基盤 C の同じ小区分に出して通ったケースがあるが、その人の申請書を見てみると、研究の規模（予算）としては基盤 C のほうがしっくり来る内容だった。

②研究の実績を考え合わせる

　ただし、大きな金額が必要だからといって基盤 A に出しても、それがあまりに目新しすぎるテーマだと落とされてしまう可能性もある。基盤 A は積み重ねの上に成り立つ研究テーマが多いから、ある程度の過去の実績が求められるからだ。基盤 A は採択率も低いので、そこは慎重になったほうがいい。とはいうものの、専門外の審査委員が見ても明らかに期待できる成果があるとか、事前の実験や観測などで予備的な成果（データ）が出せていたら、上を狙ってみるのもあり。

●自分の研究を一番わかってくれそうな小区分を探す
●その小区分の、過去の審査委員の顔ぶれを調べよう
●自分と研究が似ている人の動きもチェック
●研究種目を選ぶときは、まずは自分の研究規模と相談だ

2　伝わるタイトルをつけよう

> 最終的に何を知りたいかをタイトルに込める

　タイトル（正確には研究課題名）は大事だ。申請書の序盤だけ読めばその良し悪しがわかると審査委員たちは言い切る。その中でもタイトルは先頭項目である。字数は40字以内と決まっている。

　科研データベースでどんなタイトルがあるのか見てみるといい。参考になるタイトルが見つかるはず。疲れている審査委員（時にはイライラしている審査委員）に良い印象を与えるには、直感的でわかりやすいタイトルが不可欠だ。とにかくタイトルにはこだわろう。

◆タイトルは一番短いアブストラクト（要旨）

　審査委員は、まずタイトルを見て、どんな研究かを知る。だから研究計画の内容が推測できるタイトルにするべき。最終的に何を知りたいか研究のゴールが見えるタイトルにする。長すぎるタイトルは読みづらいし嫌われる傾向にあるが、短すぎて伝わらなければ意味がない。

◆専門用語は入れない

　審査委員の経験者が口を揃えて教えてくれるポイントは、タイトルに「専門用語を入れない」こと。審査委員は、読む申請書の内容については素人であることがほとんど。だからタイトルに専門用語を入れてしまうと、審査委員へのリスペクトが感じられなくていきなり印象が悪くなる。よく高校生でもわかるタイトルがいいと聞くが、専門用語は入れずに分野外の人にもわかるタイトルにしよう。

　しかし、その専門用語が研究対象そのものなら、はずしてしまうと内容が伝わらない。そんなときは副題を使う。副題のほうにその避けられない専門用語を入れて、文脈から「何をする研究か」が伝わるように書く。

つまりちょっと説明的な副題にするということだ。その場合、メインタイトルのほうは簡潔でわかりやすいものにする。でもやはり、専門用語を入れずにタイトルをつけるほうを勧めたい。

◆わかりやすくキャッチーなタイトル

キャッチーなだけでは意味がないが、伝えたいことがわかりやすく伝えられるなら、キャッチーなタイトルもありだ。疲れている審査員の目にもとまりやすい。このあとの「タイトル見本市」の中から自分に響くもの、キャッチーだなと思えるものを参考にしてみよう。

◆「〜の研究／解明／開発」で終わるタイトルはダサい？

「〜についての研究」や「〜の解明」で終わるタイトルについてどう思うか、審査委員や採択実績が豊富な人に意見を聞いてみた。このようなタイトルは実際多い。科研データベースでサーチすると、次ページのように採択課題名としてどっさり出てくる。

「〜の研究／解明」で終わるタイトルを見ると印象が悪くなる審査委員は少なからずいる。なぜなら研究・解明するためにお金をもらうわけで、自明なのでいちいち入れる意味がないから。ある審査委員はそんなのダサいと言い切る。ただし「〜の開発」は、技術を作るなら使わざるを得ないから許容とのこと。

一方、あえて「〜の研究／解明／開発」を使う人もいる。奇をてらったタイトルを好まない審査委員もいるから、「〜の開発」「〜の構築」などシンプルにしているとのこと。倍率10倍の審査なら、キャッチーなタイトルで目立たせる必要もあるが、科研費は3割ぐらいの採択率なので奇をてらわず素直に読めばわかるものにしているそうだ。長い時も「〜の開発とその応用」「〜の開発と社会実装」のように、「〜をやって、その先も少し入っている」というスタイルにとどめている。

全体としては「〜の研究／解明」に否定的な人が多い印象だったが、こういうタイトルでも別に落ちるわけではない。タイトルの終わり方は

まったく気にしない、と言う委員もいて、やりたいことが明快に書かれていればどちらでもいいそうだ。とはいえ、キャッチーなタイトルが嫌いな委員にあたるかどうか、それは「運」だ。運なので、むしろ確率が半々なら攻めるタイトルにするべきだろう。

科研データベース→研究課題をさがす→「の解明」で検索する

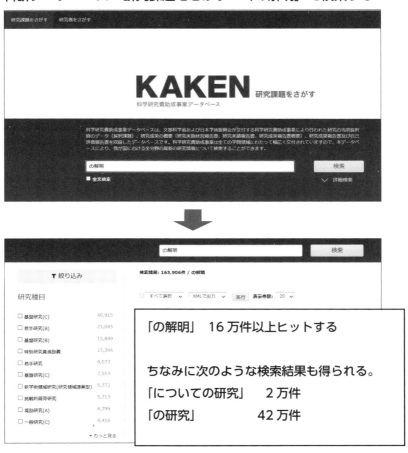

「こんなに件数があるなら、自分もこうしよう」と思うか？
「（ダサいし）重なるから、自分は避けとこう」と思うか？
選ぶのは自分。

◆金額の規模に合ったタイトル

補助金額が大きいほどタイトルもでかくなる傾向にある。基盤Cなら
なるべく具体的なタイトルをつけ、基盤AとSは壮大なタイトルをつけ
ることが多い。

とはいえ、補助金額が小さな研究だって多少なら大風呂敷を広げても
いい。社会に利益をもたらす研究に国は研究費を出す。その利益がまだ
先であるにしても、イメージだけは審査委員に伝えたい。どうせなら審
査委員を自分の夢に巻き込んでいこう。

◆タイトルの磨き方

科研費を獲れる人ほどタイトルにこだわる。そして、自分だけで抱え
込まずに必ず第三者に読んでもらおう。似たようなパターンで10個くら
い作り選別して、3〜4つを共同研究者に見せてどれがいいか聞く。妻
や義理の母など家族に読んでもらう人もいる。妻や母が読んでわからな
い題名では申請も通らない。異分野の審査員が見るから、文系の奥さん
が読んでもわかるように書く。だから専門用語も絶対に入れない。

●タイトルには専門用語を入れない
●直感的でわかりやすいタイトルに
●タイトルは申請書の一番短い要旨である
●タイトル決定には第三者の意見を取り入れる
●金額の大きさとタイトルの壮大さは比例させる

タイトル見本市

JAMSTEC の同僚の課題名。すべて採択となったもので、短い順に整列している。
眺めて、タイトル用のボキャブラリーを増やしてみよう。

	研究課題名	文字数	副題	種目
1	魚類の生息限界水深に挑む	12		萌芽
2	古海洋表層窒素サイクル研究の深化	16		基盤 A
3	深海底生生物の幼生の行動と環境応答	17		基盤 C
4	深海の低塩分化から気候変動を読み解く	18		基盤 B
5	深海底にセルロースはどれほど存在するか	19		若手研究
6	光ファイバを利用した津波予測技術の展開	19		基盤 B
7	原核藻類と原生動物の光共生に関する研究	19		基盤 C
8	ウェッデル海氷の十年規模変動と予測可能性	20		若手研究
9	北極海における CO_2 吸収量の長期変化傾向	20		基盤 C
10	深海熱水電流による原始代謝経路の進化の再現	21		基盤 C
11	時系列観測による北極海の海洋温暖化の実態解明	22		基盤 C
12	有殻翼足類の高精度観測：海洋酸性化に対する応答	23	○	基盤 B
13	熱分解炭化水素の同位体システマチクスを決定する	24		基盤 B
14	アミノ酸の同位体分析を用いた海洋沿岸生態系の解析	24		基盤 B
15	南極海の海氷に見られる１０年規模変動と予測可能性	24		基盤 C
16	ドローンを活用した大気エアロゾルのフラックス計測	24		基盤 C
17	フィリピン東方海域の海洋構造と鉛直拡散の観測研究	24		基盤 C
18	海底アーキアの生き方から探る私たち真核生物の成り立ち	26		基盤 A
19	北極海の急激な海氷減少に直面するアイスアルジーの運命	26		基盤 B
20	高アルカリ炭酸塩形成環境における微生物活動と鉱化作用	26		基盤 C
21	日本南岸沖黒潮の流路安定性の理論解析と観測による検証	26		基盤 C
22	深海生底生有孔虫細胞内のマイクロバイオームの機能・活性	27		特別研究員奨励費
23	海洋性電極代謝微生物群の取得とそのシングルセル機能解析	27		研スタ
24	西部北極海の海氷減少と海洋渦が生物ポンプに与える影響評価	28		基盤 A
25	光に満ちた海洋表層での UV 防御戦略：共生生態の新たな視点	28	○	基盤 B
26	チャクチ海における海洋環境変動に対する低次生物の応答の評価	29		研スタ

	研究課題名	文字数	副題	種目
27	北極海の海氷減少による海洋環境、プランクトン変動の実態解明	29		基盤C
28	価格スキャナとAIで確立する動プラ調査のユニバーサルデザイン	30		研スタ
29	ペルー近海における外洋と沿岸の海洋力学リンクに関する学術調査	30		基盤B
30	海洋細菌叢が持つDNAメチル化機構の多様性と生態学的意義の解明	31		若手研究
31	季節海氷域における海洋酸性化と石灰質生物の応答メカニズムの解明	31		基盤B
32	南北両極域のケイ質殻プランクトンがケイ素循環に果たす役割の解明	31		基盤C
33	光計測技術を複合的に用いた海底その場粒子化学イメージング手法の開発	33		若手研究
34	シミュレーション・観測データ融合学習による極端現象発生予測の高度化	33		基盤
35	深海底に沈む木材をニッチとした深海生菌類：その多様性と未知有用機能	33	○	基盤C
36	ディスコーバ生物群の真の多様性把握と祖先真核細胞像のより正確な推定	33		基盤C
37	深海性二枚貝の細胞内共生系の共生者の獲得と維持メカニズムの基盤解明	33		基盤C
38	固相微細組織の化学組成3D定量イメージングによる次世代型岩石学の開拓	34		若手研究
39	生物アーカイブ試料を用いた人新世の解析：琵琶湖におけるケーススタディ	34	○	基盤A
40	光合成色素合成酵素の立体構造からニトロゲナーゼ類似酵素の進化を紐解く	34		基盤C
41	液胞が有孔虫の貧酸素適応に果たす役割：立体構造解析と同位体ラベル実験	34	○	基盤C
42	革新的再現実験から解読する生命の起源と初期進化を支えた原始地球窒素循環	35		基盤A
43	大気中の水分を1次洗浄液とする透明板紙の閉鎖型製造・リサイクルシステム	35		基盤B
44	北東インド洋海域における大気窒素化合物沈着の海洋表層生態系への寄与解明	35		基盤B
45	深海性二枚貝の鰓細胞が共生細菌を取り込む際の3次元的形態プロセスの実証	35		基盤C
46	深海微生物叢情報を利用した新規糖質分解酵素の探索及び機能解析と応用展開	35		基盤C
47	堆積速度の遅いレアアース泥を用いた未知の海洋隕石衝突イベント検出への挑戦	36		萌芽
48	大気・海洋シミュレーションのための超高時間分解能特徴追跡とイベント可視化	36		萌芽
49	初期地球深海熱水環境での液体・超臨界二酸化炭素が導く新たな化学進化の検証	36		基盤A
50	画像・分光分析技術を応用した現場型深海粒子連続モニタリングシステムの開発	36		基盤B
51	新世代衛星・現地機動観測を融合する突発的な黒潮の沿岸進入過程の予測と理解	36		基盤B
52	南北両半球の堆積物を用いた年レベルの偏西風経路復元と地球温暖化影響の検出	36		基盤B

	研究課題名	文字数	副題	種目
53	浮遊性有孔虫殻形成場の解剖学 ―ミクロの石灰化部位から読み解く迅速な殻形成―	37	○	若手研究
54	西部北太平洋のマーチンカーブ ～光学的手法による沈降粒子鉛直変化率の数値化～	37	○	基盤 A
55	単細胞生物の複雑性： 有孔虫サブシングルセル遺伝子発現と超微細構造解析で迫る	37	○	基盤 B
56	鉄安定同位体比・化学種に基づく 海洋大気エアロゾル中の鉄溶解性の支配要因の解明	38		若手研究
57	有孔虫殻の微量元素はなぜ種によって異なるのか ―殻形成中の微細構造観察から迫る	38	○	研スタ
58	生物界の暗黒物質「未知アーキア」の解明 ―分離培養で開拓する多様な新生物機能―	38	○	基盤 A
59	北極海洋生態系を育む「種」を運ぶ Dirty Ice の役割とその空間分布の解明	38		基盤 B
60	電気合成微生物活動仮説の検証： 集積培養とオミクス解析で解明する新微生物代謝機能	39	○	若手研究
61	深海熱水噴出域細菌叢のメタエピゲノム解析から迫る DNA メチル化システムの進化史	39		研スタ
62	海洋炭素循環過程を律速する生物ポンプの機構解明： 微生物海洋学的アプローチの適用	39	○	基盤 B
63	多波長励起式蛍光撮影技術を用いた海洋生物イメージングと モニタリングの基礎的研究	39		基盤 C
64	シンカイヒバリガイ類で共生細菌が水平伝達される際、 細胞では何が起きているのか？	39		基盤 C
65	大気中の燃焼起源鉄は海洋一次生産を増やすか？ ～極微量鉄の安定同位体分析から探る～	40	○	研スタ
66	対流圏オゾンホールと海洋大気ヨウ素化学： 西太平洋低緯度域の重点解析と全球知見統合	40	○	基盤 A
67	Asgard アーキアは本当に真核生物の起源か？ ―世界初の培養株を用いた実態解明―	40	○	基盤 A
68	深海トップ・プレデター研究のための 全自動 in situ バイオプシーシステムの開発	40		基盤 B
69	海洋大気バイオエアロゾルの起源と氷晶核化： 蛍光特性で探る生態系・物質・雲のリンク	40	○	基盤 A
70	新規漂流型時系列クリーン採水システムによる 南極海と北太平洋の HNLC 海域比較研究	40		基盤 B
71	硫黄同位体記録の高解像度復元から氷期―間氷期の グローバルな海洋酸化還元動態を解く	40		基盤 B
72	西部北太平洋亜寒帯域における 冬季二酸化炭素放出の停止による海洋酸性化の加速と影響	40		基盤 B
73	生育環境に依存して変動する生物代謝に伴う 同位体効果の支配要因を遺伝子解析で調べる	40		基盤 B

3 指示・説明のとおりに書く

> **決まりが守れないともらえない　それが科研費**

　設問のすぐ下の枠内に書かれた小文字の注意書きはきちんと守る。これに従わない申請書には低い点を付けると、審査委員は口を揃えて言う。

　令和4年度分基盤Cの「研究目的、研究方法など」の注意書き部分を見てみよう。基盤Bも若手研究も、注意書きの内容はほとんど同じだ。

1　研究目的、研究方法など

　本研究計画調書は「小区分」の審査区分で審査されます。記述に当たっては、「科学研究費助成事業における審査及び評価に関する規程」（公募要領18頁参照）を参考にすること。①

本研究の目的と方法などについて、4頁以内で記述すること。②

　冒頭にその概要を簡潔にまとめて記述し、本文には、（1）本研究の学術的背景、研究課題の核心をなす学術的「問い」、（2）本研究の目的および学術的独自性と創造性、（3）本研究の着想に至った経緯や、関連する国内外の研究動向と本研究の位置づけ、（4）本研究で何をどのように、どこまで明らかにしようとするのか、（5）本研究の目的を達成するための準備状況、について具体的かつ明確に記述すること。③

　本研究を研究分担者とともに行う場合は、研究代表者、研究分担者の具体的な役割を記述すること。③

　実物は本当に細かい字だが、必ず読む。

下線①

　公募要領の該当ページは指示どおり参照する。学振は毎年かなり修正されるので、その年ごとに気をつける。

下線②

　「4頁以内」とあるので、4ページで情報配分や配置をしっかり考える。「以内」だから2ページや3ページだけ埋めて残りは空白にして提出も可能だが、審査委員から「説明不足」のレッテルを貼られるのがオチなのでやめたほうがよい。きちんと4ページ書くこと。68ページ「分量配分を考える」で詳しく述べる。

網かけ部分

　計9カ所。記載すべき内容はもちろん、記述の程度（簡潔に／具体的に）、「学術的独自性」など具体的なキーワード提示、「何をどのように、どこまで」など、リクエストが満載だ。

　これらのリクエストを満たせていない申請書は本当に多い。「どのように」だけで終わっていて「何をどこまで明らかに」がまるで書いていないもの、学術的背景は詳しいが「問い」は見えないものなど。そういう申請書は審査委員をもやもやさせる。とにかく設問は1つ残らず記述する。

下線③

　「具体的」が2回も登場している。あいまい・抽象的な記述をしないように心がける。

◆入力画面にも注意書きが表示される

　注意書きは、申請書類を入力する際のフォーム内にも表示される。記入時に申請者が削除して提出する形となるが、読まずに削除するなどはもってのほかである。基盤・若手共通に表示されるものを次に載せる。

研究計画調書作成に当たって留意すること

○本留意事項の内容を十分に確認し、研究計画調書の作成時にはこのテキストボックスごと削除すること○

留意事項①：

1．以下の内容を熟読・理解の上、研究計画調書を作成すること。

> 科研費は、研究者の自由な発想に基づく全ての分野にわたる研究を格段に発展させることを目的とし、豊かな社会発展の基盤となる独創的・先駆的な研究を支援します。
>
> 科研費では、応募者が自ら自由に課題設定を行うため、提案課題の学術的意義に加え、独自性や創造性が重要な評価ポイントになります。このため、「基盤研究」及び「若手研究」の研究計画調書様式では、学術の潮流や新たな展開などどのような「学術的背景」の下でどのような「学術的『問い』」を設定したか、当該課題の「学術的独自性や創造性」、「着想に至った経緯」、「国内外の 研究動向と本研究の位置付け」はどのようなものか、などの記述を求めています。
>
> 審査においては、総合審査又は二段階書面審査における審査委員間の議論・意見交換等により研究課題の核心を掴み、学術的な意義や独自性、創造性など学術的重要性を評価するとともに、実行可能性並びに研究遂行能力も含めて総合的に判断します。
>
> 科研費に応募するに当たっては、上記に留意の上、公募要領や審査基準、様式の説明書き等を十分に確認し、審査委員に学術的重要性等が適切に伝わるように研究計画調書を作成してください。

留意事項②：

1．作成に当たっては、研究計画調書作成・記入要領を必ず確認すること。

2．本文全体は11ポイント以上の大きさの文字等を使用すること。

3．各頁の上部のタイトルと指示書きは動かさないこと。

4．指示書きで定められた頁数は超えないこと。なお、空白の頁が生じても削除しないこと。

　留意事項②の 2 に、フォントサイズは本文 11 ポイント以上とあるので守る。ちなみに、本文のフォントが不自然に大きいものは（文章が全体的に少なくなるので）審査委員からは説明不足と判定される。

◆不備申請書ははじかれる

　リクエストに応えない申請書には審査委員も応えない。少なくとも好意的には見ない。忙しい審査委員がテキパキさばく中に、突如現れるルール違反の申請書は、悪い意味で本当に目立ってしまう。

　審査項目は決まっていて、全ての設問が記述されていないときちんと評価ができない。疲れている審査委員の身になって考えてみれば、申請書の「どの文章が設問に対する答えなんだろう？」と、考えさせられる時点でもうアウトだ。行間を読ませるなんてもってのほか。忙しい審査委員へのリスペクトが感じられない申請書だと思われてしまう。だから審査委員が評価しやすいように、「この設問に対する答えはこれです！」とパッと見てわかるようにしておく。

記述を求められる項目

- **研究目的**
  - ・学術的背景
  - ・学術的「問い」
  - ・目的
  - ・独自性と創造性
  - ・着想に至った経緯
  - ・関連する国内外の研究動向と本研究の位置づけ

- **研究方法**
  - ・何をどのように、どこまで明らかにするのか？
  - ・目的を達成するための準備状況
  - ・代表者、分担者の役割

◆設問には文字装飾で対応する

設問に対する答えを明確に示すには文字装飾を使う。効果的な例を掲載する。

まず、「設問」そのものを本文に載せてしまい、設問の答えがその下にあることを審査委員がわかるようにする方法。

（本文）
（1）学術的背景と核心をなす学術的「問い」
行方不明プラスチックの謎―大部分は深海に？
1950 年代から大量生産の始まったプラスチックの生産量

1．研究の学術的背景

2004 年の Nature 誌に，サンゴ粘液がサンゴ礁生態系の物質循環を円滑に駆動する（Wild *et al.* 2004）ことが掲載されて以来，サンゴ粘液に関する研究は飛躍的に進んできた。**サンゴ粘液とはサンゴが体外に**

上記のように、ゴシック体太字で設問を示し、その下に該当する文章を記述すれば、審査委員はそこを読むだけで、設問への答えにたどり着くことができる。なお、1つめの例では設問の下に「問い」をタイトル風に入れ込んでしまっている。

設問をもっと見やすく工夫する例も紹介する。

（本文）
(1) 本研究の学術的背景、研究課題の核心をなす学術的「問い」
酵母・カビ・キノコなどに代表される真菌類は、地球上の多くの

> **＊研究の学術的背景＊**
> 生態系動態と密接に関わる軽元素
> （C・H・N・O・S）の安定同位体組成は，

（本文）
(1)本研究の学術的背景・研究課題の核心をなす学術的「問い」
▼光合成由来の酸素が消費された地殻内環境は、光合成生物が繁茂する

　これらのように、「灰色バック＋黒太字」や「黒字バック＋白抜き」を使って設問を目立たせる方法もある。

　次は、網かけ部分や下線を読めば設問に対する答えに導けるように工夫した例。

（点線の囲みは本書解説用。他はすべてオリジナルのまま）

○研究の学術的背景

　近年のスーパーコンピュータの飛躍的な性能向上に伴い、自然科学分野における数値シミュレーション研究は飛躍的に進歩している。地球科学分野においても、大規模かつ高分解能、より現実的な物理スキームを用いた高度な数値モデルが開発され、防災や減災を目的とした気象・気候変動、地震・津波等の現象の再現や予測実験が行われている（参考文献 [1]）。

　近年の大規模数値モデルによるシミュレーション結果を可視化するのは容易ではない。その原因として、データサイズの膨大化および情報量の膨大化といった 2 つが挙げられる（図 1・掲載省略）。前者については、より大規模なデータをより高速に可視化するための**大規模可視化研究**が、計算資源の進歩に同調して進められてきた（例えば研究業績 12）。しかし、それらのデータは単にサイズが大きいだけでなく、データ中に含まれる情報量も膨大であり、人間による解釈を困難なものにしている。そこで、大量のデータ中から有益な情報をいかに効率良く抽出し、いかに効果的に表現し、いかに科学的知見へと結びつけ

るか」までを考慮した、いわゆる知的可視化（参考文献[2]）が求められている。しかし、先行研究の多くが手法の開発のみにとどまり、特に地球科学分野においては実際の解析への応用まで至っていないのが現状である。

　申請者は、これまでに海洋シミュレーションに焦点を絞り、2つの物理量（海面水温と流速）を同時に可視化する手法や、多変量解析を用いて複数の物理量から特徴（特に海流や渦）を抽出し可視化する手法を開発してきた（例えば図2。研究業績3, 4）。これらの成果は、直感的な解釈と新たな知見の発見に結びつく可視化手法であると評価された（研究略歴の表彰2-9）。また、画像利用や映像展示等、一般社会に向けた情報発信としても効果的なものとなった。これらの研究手法を発展させることで、海洋だけでなく大気や地震・津波シミュレーション等のデータ可視化においても応用することが可能なのではないかと本研究課題の着想に至った。

　ここの記載で求められているのは学術的背景の説明。だから、自分の言いたいことを強めるのではなく、読み手に学術的背景が伝わる部分を目立たせなければいけない。申請者が網をかけた部分を追っていこう。

データサイズの膨大化　　　情報量の膨大化
背景がわかる短いキーワード2つを提示

そこにある課題（テーマ）が示される
大量のデータ中から有益な情報をいかに効率良く抽出し、いかに効果的に表現し、いかに科学的知見へと結びつけるか

課題へのアプローチの具体的な方法が示される。
2つの物理量（海面水温と流速）を同時に可視化
複数の物理量から特徴（特に海流や渦）を抽出

学術的背景の中で、申請者が目指すものを示す。

> これらの研究手法を発展させることで、海洋だけでなく大気や地震・津波シミュレーション等のデータ可視化においても応用することが可能なのではないか

　伝えるべき学術的背景が順を追って書かれている。また、網かけ部分にディープな専門用語や、硬い学術用語を含めない点にも配慮が感じられる。研究上伝えておきたいキーワードや重要な業績などには、別途ピンポイントで太字が使われている。

　最後に、点線で囲んだ最初のパラグラフの読みやすさに注目してほしい。「近年の」で始め、万人にわかる一般的な知識の共有からスタートしている。文字の装飾はされていないが、このような平易な書き出しによって、設問への答えが審査委員の頭にスッと入っていく。

◆今年のフォームは絶対確認すること

　申請書の注意書き部分は毎年更新されるので注意する。例えば、目的と方法は3ページ以内だったのに今年は4ページになったなど、けっこう変わる。必ず今年の申請書フォームを確認し、前回の申請書から機械的に流用せず、ちゃんと「今年のものを一から書く」こと。

　なお、令和7年度分申請から、申請の下準備としてe-radへの「研究インテグリティに係る情報入力」が必須となる。研究代表者はもちろんのこと、研究分担者の誓約まで済ませていないと申請できないので注意が必要だ。

●設問に答えないと減点される
●設問に対する答えを文字装飾を使って示す
●毎年、フォームの注意事項は必ず確認する

4 最初の1ページで運命は決まる

最初の数行に思いを込める

◆勝敗は「1枚目」で決まる

　申請書全体の良い・悪いは、最初の1ページでわかってしまうと審査委員は一様に言う。申請書の1〜2枚目には「研究目的」を書くが、ここがダメなら、そのあとの「研究方法」や「遂行能力」もたいていダメ。つまり、最初の1〜2ページが良くないと、最後まできちんと読んでくれなくなる。

　近年、申請書の見た目品質は向上し、イラストレーターで作った図も当たり前になったが、どんなにきれいに作ろうとも内容の優劣は見抜かれる。

　さらに、審査委員が申請書を読み終えて200字程度で評価文を書くときに、確認のため見返すとしたら、最初の1ページしかない。

◆研究目的概要が大事、中でも最初の3行が命

　最初に来る研究の「概要」は超重要。10行くらいの文章だが、その最初の3行は時間をかけて練ろう。なぜなら概要の出だしの数行を1回読んだだけで頭に入らない申請書は、ほとんど不採択になっているからだ。これはたくさんの科研費書類に目を落としてきたJAMSTECの外部資金課の担当者から実際に聞いた話。分野外の審査委員が読むのだから、難しい表現、専門用語は避けるのは当然のこと。「高校生が読んでも理解できる」わかりやすい文章で書かなければならない。

　手順としては「申請書すべてを書き終えてから最後に書く」のがセオリーだ。申請書1ページ目の例をまず掲載する。

申請書 1 ページ目の例

様式S－13　研究計画調書（添付ファイル項目）

基盤研究（B）（一般）1

1　研究目的、研究方法など

本研究計画調書は「小区分」の審査区分で審査されます。記述に当たっては、「科学研究費助成事業における審査及び評価に関する規程」（公募要領109頁参照）を参考にすること。
本欄には、本研究の目的と方法などについて、4頁以内で記述すること。
冒頭にその概要を簡潔にまとめて記述し、本文には、(1)本研究の学術的背景、研究課題の核心をなす学術的「問い」、(2)本研究の目的および学術的独自性と創造性、(3)本研究で何をどのように、どこまで明らかにしようとするのか、について具体的かつ明確に記述すること。
本研究を研究分担者とともに行う場合は、研究代表者、研究分担者の具体的な役割を記述すること。

（概要）
　毎年 800 万トンを超える廃プラスチックが海洋に蓄積を続けており、分解されないプラスチックによる汚染、とりわけ回収不可能なマイクロプラスチックによる生態系への影響が懸念され、世界各国が実態把握や排出防止に向けて動いている。海洋ごみには未解明のパラドックスがある。現在、推定 4500 万トンの廃プラスチックが外洋の表層を漂っているはずだが、実際に観測された量はわずか 44 万トンにすぎない（全体の 1%）。残りの 99% が表層から失われ行方不明となっている（＝The Missing Plastics）。おそらく大部分は深海に沈んでいる。本申請は、The Missing Plastics の行方を求めて、アジア諸国から大量のプラごみが流れ込み集積する日本周辺の深海底において、プラごみがどこにどのくらい蓄積しているか、その分布と量を明らかにする。得られたデータをモデルに組み込み、深海底に沈むプラスチックの総量を全球的にシミュレーションし、The Missing Plastics の謎に答える。

（本文）
（1）学術的背景と核心をなす学術的「問い」
行方不明プラスチックの謎―大部分は深海に？
　1950 年代から大量生産の始まったプラスチックの生産量は現在までに合計 83 億トン[1]。そのうち 63 億トンが廃棄され、うち 8 割近くは埋め立てられたか環境中に流出した[1]（図1）。現在までに海洋に流出したプラスチックごみ（プラごみ）の総量は控えめに見積もっても 1 億 5000 万トンある[1,2]。廃プラスチックのおよそ半分は比重が小さく海水に浮くため[3]、海面を漂う「軽い」プラスチックは 7500 万トンと推定される。その一部は浜辺や沿岸域にとどまるが、6 割以上は外洋に流出し[4]、少なくとも 4500 万トンの軽いプラごみが外洋に浮いているはずである[5]。しかし、観測に基づいて明らかとなった海面プラごみの全球的な総量は 44 万トンにすぎず（全体の 1%）[6,7]、残りの 99% が海面から失われたが、その行方が不明である（＝The Missing Plastics）[8]。軽いプラスチックでも、生物付着が生じると沈降し[9]、また微細化して小さくなったマイクロプラスチックは動物プランクトン等に摂食され糞とともに沈降する[10]。そのため大部分は深海に沈んだと考えられているが[11]、研究例が極めて乏しく、The Missing Plastics を説明できるほど大量のプラごみはまだ見つかっていない。The Missing Plastics の行方を明かすため、深海のプラごみを徹底的に調べる必要がある。

図1. 海洋ごみのパラドックス

大切な 1 ページ目の中でも、丸印の「概要」はとりわけ重要。
時間をかけて練ろう。

◆ 「概要」をわかりやすく書く方法

　概要を単なる本文の縮刷版にしてはいけない。そこだけを読んでわかってもらうよう、寄せ集めではない新しい文を組み立てなければならない。オーソドックスなのは「起承転結」で書くやり方。

①起承転結で書いた概要

起	貧栄養なサンゴ礁生態系が何故，多様で生産性の高い環境となりえるのか長年の謎であったが、その答えの1つとして「サンゴ粘液」が注目されている。サンゴ粘液とはサンゴが体外に出す分
承	泌物であり，細菌の成長を促進し物質循環を円滑に駆動させる役割があることが近年わかってきた。このサンゴ粘液が微生物食物
転	連鎖（細菌➡鞭毛虫➡繊毛虫➡上位の動物プランクトン）の物質フローを促進する可能性があるため，本研究では，サンゴ粘液の
結	生産量と微生物群集（細菌，鞭毛虫，繊毛虫）の生産量との関係を明らかにし、サンゴ粘液からスタートする微生物食物連鎖の炭素フローを定量的に評価することを目的としている。

　このように背景・問題点・目的を起承転結で書くことは、予備知識のない相手に初めて何かを伝えるときの大原則と思っておこう。ただ4段階を作ればよいのではなく、分量のバランスも大事だ。起が1行なのに承が7行も続いたらかえって読み手はイライラする。

②起承転結のバリエーション（起結承展）

　本文は背景から入っていくのだから、概要は目指す目的からいきなり入っていくほうが読む側もわかりやすい。おすすめは「起‧結‧承‧展‧」で作る方法。研究のコアとなる部分を書き、何を目指しているかを先に伝えてしまう。その上で補足説明と波及効果を伝える。その流れをフローで示すと、次ページのようになる。

　「背景・問題点」を述べたら、研究の目的・ゴールを一言で述べてしまう。さらに手法・やることを具体的に述べ、最後に「期待される成果や展望」を伝える。実際に作ってみるとこのようになる。

起　　毎年 1200 万トンを超えるプラスチックごみが海洋に蓄積を続け，多くは劣化してマイクロプラスチックと呼ばれる小さな破片になり，魚やサンゴなど様々な動物に誤食され，食物連鎖に取り込まれ問題になっている．本研究では，サンゴ礁生態系における

結　プラスチック汚染の実態を世界規模で明らかにするため，世界中のサンゴ礁におけるマイクロプラスチック量とプラスチック由来の化学物質量を調べ，汚染レベルのマッピングを行う．具体的に

承　は，米国のスクリプス海洋研究所と協力し，世界 10 カ国地域のサンゴ礁から環境中（堆積物 & 水柱）とサンゴ体中に潜むマイクロプラスチックを拾い出し，その量と種類を明らかにする．また，サンゴ体中に溶け込んだプラスチック由来の化学物質として，プラスチックの製に広く使われている有毒なフタル酸系の添加剤を検出する．得られた結果を世界地図に落とし込み，サンゴ礁に

展　おけるグローバルな海洋プラスチック汚染の状況を世界で初めて解明する．

また、承と結の順序は逆になっているが、最後の「展」をスケールの大きい言葉で効果的に表現している例がこちら。

起 　毎年800万トンを超える廃プラスチックが海洋に蓄積を続けており、分解されないプラスチックによる汚染、とりわけ回収不可能なマイクロプラスチックによる生態系への影響が懸念され、世界各国が実態把握や排出防止に向けて動いている。

承 　海洋ごみには未解明のパラドックスがある。現在、推定4500万トンの廃プラスチックが外洋の表層を漂っているはずだが、実際に観測された量はわずか44万トンにすぎない（全体の1%）。残りの99%が表層から失われ行方不明となっている（＝ The Missing Plastics）。おそらく大部分は深海に沈んでいる。

結 　本申請は、The Missing Plastics の行方を求めて、アジア諸国から大量のプラごみが流れ込み集積する日本周辺の深海底において、プラごみがどこにどのくらい蓄積しているか、その分布と量を明らかにする。

展 　得られたデータをモデルに組み込み、深海底に沈むプラスチックの総量を全球的にシミュレーションし、The Missing Plastics の謎に答える。

　概要文を頭に入れやすい4段形式で書くことは、申請書の序盤で読み手をつかむ上で本当に大事なので、第2章の3でも取り上げる。そちらではさらにバリエーションが豊富になり、結・承・展の文例もあるので、ぜひ参考にしてほしい。「転」ではなく「展」を書こうとすることで、そこに至るまでの文が磨かれる。

　この概要の次に続く、申請書の2枚目を次ページに掲載する。

1枚目からの流れで読ませる2枚目

基盤研究（B）（一般）2

【1 研究目的、研究方法など（つづき）】
（2）目的および学術的独自性・独創性
深海におけるプラスチックの研究自体が新しい分野である（図2）。日本では沿岸や表層のプラスチックの実態研究が着手され始めているに過ぎず、深海プラスチックの実態はほとんどわかっていない[12]。本研究は、**日本周辺の深海底に集積するプラごみの分布・量の解明を目指す**が、大型プラスチックから微小なマイクロプラスチックまで、深海における分布と量を広範囲にマッピングすることは国際的にも事例がない。日本は、ごみ最大排出国の中国や東南アジアから大量のプラごみが海流によって運ばれてくる海域にあり[13]（図3）、海表面にはたくさんのマイクロプラスチックが浮いている[13]（図4）。そのため日本周辺の深海底には極めて多量のプラごみが集積していると予想される。もしそうなら行方不明のプラスチックをかなり説明できることになる。本研究により日本周辺の深海に分布するプラごみの全貌が明らかとなり、今後世界各地で進められる他の深海プラごみ調査結果とあわせて、深海に沈むプラスチックを全球的にシミュレーション可能となる。そして99%の行方不明プラスチックのパラドックスを解明できる。

（3）何をどのようにどこまで明らかにするか
日本周辺の深海に蓄積するプラスチックの分布と量を以下の2つのアプローチから効率的に調べる。
（a）過去に記録・採取した深海映像データおよび海底堆積物コア試料・生物試料の精査：過去30年間に深海探査機によって記録された深海ごみ映像データから大型のマクロプラスチック量を調査、海底コアと生物試料からマイクロプラスチックを調査し、海底面積あたりのプラごみ量（kg/km2）を解明。
（b）モデル化に最低限必要な海域におけるプラスチック実態調査と全球シミュレーション：プラごみの輸送経路となる海流、最終的に集積する海底の地形を考慮して、モデル化に必要な最低限の海域を絞り、マクロ・マイクロプラスチックの分布と量を明らかにする。プラスチックの排出モデルに組み込み、深海プラスチック量を全球的にシミュレーションする。

深海の海底で実施されたマイクロプラスチックの調査はわずか4例

Chae & An 2017 Mar Poll Bull 96:204-

図2. 世界の海底のマイクロプラスチック調査まとめ。矢印がマイクロプラスチックの報告がある深海底を示す。砂浜、浅海の海底もしくは湖底からの報告は多いが、深海におけるプラスチックの実態はほとんどわかっていない。

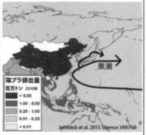

アジアから大量のプラごみが日本へ

黒潮

海プラ排出量
百万トン 2010年
> 5.00
1.00 - 5.00
0.25 - 1.00
0.01 - 0.25
< 0.01

Jambeck et al. 2015 Science 347:768-

図3. 中国と東南アジアから排出されるプラごみだけで、世界のプラごみ排出の約50%に相当する。これらアジア地域から排出された大量のプラごみは、黒潮と対馬暖流によって日本周辺の海域へ運ばれる。

事実、日本周辺海域の表層はマイクロプラスチックのホットスポット

LOGスケール
10⁴ 10⁵ 10⁶ 10⁷

日本周辺　1,720,000
北太平洋　105,100
世界平均　63,320

同じ事が深海でも起きてる可能性大

Isobe et al. 2015 Mar Poll Bull 124: 618-

図4. 日本周辺海域の表層では世界平均よりも27倍高いマイクロプラスチック濃度が報告されている。同様のことが深海底でも観察される可能性が極めて高い。

◆研究目的は秩序立てて書く

　いくら忙しいとはいえ、審査委員は２枚目までは読んでくれる。最初の１〜２枚の「研究目的」で学術的な重要性がしっかり書かれていると得点に結びつくし、その後のページも高評価が付きやすい。

　「研究目的」を読んだ審査委員は、研究の「学術的重要性」を４点満点で評価する。審査項目となる内容は次の４つである。

（1）　重要な研究か？

（2）　「問い」は明確で、独自性や創造性があるか？

（3）　着想に至る経緯、国内外の研究動向と研究の位置づけは明確か？

（4）　波及効果が期待できるか？

　だから設問には一つずつきちんと答えないといけないし、審査委員に伝わるように、わかりやすく書かねばならない。

　最初の１〜２ページ目は、概要に限らずどの項目も、起結承展、あるいは秩序立った起承転結で書く。秩序立ったとは、

　このように、起点と終点の間に乖離がないこと。背景の記述だけでほとんど終わってしまっている申請書は多く、そういうものは低い点が付きやすい。

◆学術的背景を書くときは段差解消を心がける

　申請書は論文と違い、まったく専門外の人が読む。だから出だしの学術的背景は、高校生に教えるようにかみ砕いて解説する。いきなりその

分野固有の専門に切り込むことはせず、周知の事実の提示からスタートするのがポイント。相手の理解を促しながら自分の研究の説明を開始する感じで書いていく。

このときに大事なポイントは2つある。ひとつめは、読み手に考えさせないこと！　頭を使わせず、「こうだから、こうなる」と逐一答えを示しながら解説していこう。

そしてもうひとつは、それぞれの設問で同じことを繰り返し述べないこと。それをしていると「中身がない」と思われて、イメージダウンとなる。

◆引用や実績の織り込み方

①自研究の引用は積極的に

「研究目的」の説明文には自分の業績を引用すると効果的。そうしておいて後半の「研究遂行能力」のところで、引用した自分の業績をアピールするのが効果的だ。自分のそれまでの研究の延長線上で方法を変えて研究するのか、あるいは違う方向に進むのかが、読んでいる人に理解しやすくなるし、業績があることを最初からきちんと明示することができる（業績については第1章の7参照）。

自分の論文を引用するときは、［業績1］［業績2, 3］のように引用して、「研究遂行能力」のところに論文リストをくっつけてアピールするとよい。自分の業績は太字にして強調しておくのもあり。

②他人の論文を引用するには

「研究の学術的背景」や「国内外の研究動向」に他人の論文を引用するときは多い。その際は、文中に（Yamada et al. Science 2020）でもよいが、貴重なスペースを取ってしまうので、［1］［2］のように引用して、ページの最後に小さく引用情報を載せるのがおすすめ。

引用文献の情報がないと、それを理由に減点する審査委員がいるので注意。気にしない審査委員もいるのだが、きちんと引用情報を載せておくに越したことはない。

なお、本文のフォントは11ポイント以上と決まっているが、ページの最後に載せる引用情報のフォントを小さくしても気にする審査委員はほとんどいない。審査委員も（時間がない／興味がないので）他者論文の文献情報まで追うことは少ない。

自業績の織り込み方

「研究目的、研究方法」の記述から部分的に切り取った。本文には、小文字で自業績を［業績5-6］、他人の論文を［6］のように分けて入れている。ごちゃごちゃ感はなく、小文字でもパッと業績が読み取れる。

）は、1)メタンについては微生物代謝に
釈されている [6][業績5-6]、2)メタン以外の
られておらず培養が行えない、3)合成
動は無視できる、という理由による。
反応温度・反応時間を変数とする情報
て検討するとともに、(B)非蛇紋岩帯の
解LHCが呈する同位体システマチクス
マチクスを調べることで、たとえば二
。既知の微生物代謝由来メタンの同位
<u>LHC以外の地殻内LHC起源を網羅する</u>
システマチクスが蛇紋岩帯の観測で検
<u>従来より確からしく指摘できる。</u>
^{12}C比）に加え、しばしば利用される水
ったメタンの多重置換同位体分子組成
$C^{12}CH_8 / ^{12}C^{13}C^{12}CH_8$）[業績16]という新た
クスを把握する。特に多重置換や部位

◆すでに出ている予備データを見せる

　申請するテーマの研究を以前から進めていて、すでに少しだけデータが出ていれば、それを載せると申請は通りやすくなる。研究内容によりけりではあるが、予備データは10%の目安でもいいので入れ込もう。「この研究、うまくいかないかも」という印象を与えないため、まったくの夢物語ではないことを審査委員に理解してもらうためだ。ちなみに、NSF（National Science Foundation：アメリカの科研費みたいなもの）においては、ある程度結果が出て研究の目処が立っているものでなければ申請は通らないという。

　科研費でも研究環境や方法の妥当性についての採点項目がある。予備データの存在は少なくとも、できない研究をできるように書いているわけではないこと、きちんと準備ができていることの根拠になる。

予備データ（事前の観察データ）

　申請前に研究対象の観察データを蓄積し、本研究に適した個体を準備している例。

　解析には、■■■■■■■■■■■■■■■採取、固定したRNA解析用試料9種532個体、およびMXCT、TEM観察用試料11種245個体の深海性有孔虫を用いる（表1に一部の種を抜粋）。また、嫌気環境下で共生微生物を持ち、干潟で容易に採取可能なAmmonia属の有孔虫種を数百個体同様に処理し、実験に用いる。

表1．本研究で用いる浅海生底生有孔虫種および解析に用いる深海生底生有孔虫の生態情報およびこれまでの観察結果によるプラグなどの特徴。

Species	Ammonia phylotype T6	Uvigerina akitaensis	Bulimina subornata	Nonionella sp.	Globobulimina affinis	Chilostomella ovoidea
Microhabitat	浅部内在性	浅部内在性	浅部内在性	内在性	深部内在性	深部内在性
脱窒能	なし	なし	あり	あり	あり	なし
プラグ	間欠的に存在	初室一最終房室	初室一最終房室	最終 2-3 房室	最終 2-3 房室	不明瞭
液胞	最終房室側に多い 時に巨大な液胞	初室側に多い	初室側に多い	初室側に多い	最終房室側に多い 口孔下に巨大な液胞	最終房室側に多い
内在微生物	あり（最終 2-3 房室）		あり（最終 2-3 房室）	盗葉緑体	あり？	なし

◆全体構想が一目でわかるポンチ絵を入れよう

　必ずおすすめしたいのが、申請書の1枚目に研究の全体構想が一目瞭

然でわかるポンチ絵（概念図）を載せること。図については次項で詳説するが、これがあるとないでは審査委員の印象が大きく変わってくる。

1ページ目が「読まれる」ための万全の配慮

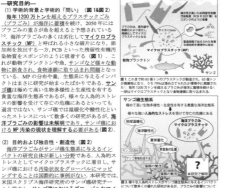

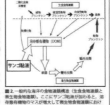

▶▶カバー内側にカラーを掲載

スペースの右半分を使って図を入れて、図だけ追えばストーリーがわかるようにし、図のなかに、ゴールも書いてしまう。いきなり図が大部分を占めているので、読む側としては気負いはしない。

半分を図で埋めてしまうメリットは、図だけ眺めても内容が理解でき、忙しい審査員にやさしい作りになっていること。ただし、肝心の本文が少なくなるので、説明不足と言われないように注意。本文では、「また、」「しかし、」のような絶対必要ではない単語をそぎ落とし、繰り返しのないように気をつけている。

1ページ目を「読ませる」効果的な見せ方

　印象的な見せ方をする申請者。1ページ目には3コマを置いて全体像を説明している。図にタイトルやキャプションはつけず説明はすべて図内に置いている。本文の装飾は見出しの白抜きと、隅付きカッコで囲んだ下線の2つだけ。【下線部】を追うと内容をつかめる。本文のフォントはすべて明朝体だが、行間や枠内余白に配慮されていて大変読みやすい。

研　究　目　的（概要） ※ 当該研究計画の目的について、簡潔にまとめて記述してください。

　地球生命（圏）の限界把握においてメタンの起源推定は重要な手段であり、その指標として安定同位体比が用いられている。しかし現状の安定同位体比の指標性は、地球表層の環境条件で確立されており、高温・高圧の極限環境には適用出来ない。そこで、炭素・水素安定同位体比をあらゆる環境で有用なメタンの起源推定指標として確立することを目指す。多様な温度・圧力・基質濃度下でメタン菌培養を行い、生成するメタンの安定同位体比とその変動要因を解明する。

■研究の学術的背景

　生命圏の分布、あるいは生命の限界を知ることは環境学および生命科学の一大テーマであり、これらを規制する主要因の1つが温度である。現在知られている最高生育温度は122℃であり、これはメタン生成古細菌（以下メタン菌）が記録している[ref.1]。メタン菌は還元環境に分布し、特に高圧のため水温が100℃を超えうる地下深部環境では優先種である。このため、いまだ人類が確認できていない123℃以上で生育可能な生物がいるならば<u>高温・高圧の地下深部に生息するメタン菌</u>が最有力候補である。

　地下深部におけるメタンの起源は微生物代謝か高温化学反応の2つに大別できる[素材3,12]。つまり、123℃以上の高温地下深部環境を調査し、その場のメタンについて<u>【このメタンは微生物代謝生成物である】</u>と判別できれば、我々が現在知る　よりさらに高温の領域まで、生命（圏）の限界が広がっていることを指摘できる。この目的を達成するためには<u>【メタンの起源を明確に推定できる化学指標の存在が肝要】</u>である。

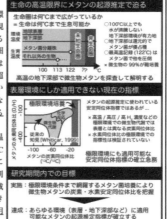

生命の高温限界にメタンの起源推定で迫る
高温の地下深部で微生物メタンを探査して解明する

表層環境にしか適用できない現在の指標
極限環境にも適用可能な安定同位体指標の確立急務

研究期間内での目標

実施：極限環境条件まで網羅するメタン菌培養により微生物メタンの炭素・水素安定同位体比を把握

達成：あらゆる環境（表層・地下深部など）に適用可能なメタンの起源推定指標が確立する

　メタンの起源を推定するために広く利用されている化学指標が、炭素安定同位体比（$^{13}C/^{12}C$比）である。従来の知見によれば、微生物メタンと高温化学反応メタンとは炭素同位体比によって明確に判別が可能である。しかし最近になって、地下深部環境を模した高温・高圧・高H_2濃度下でのメタン菌培養で、微生物メタンであっても高温化学反応起源メタンと同等の炭素同位体比を持ちうることが示された[図, ref.1]。この事実はこれまでの<u>【炭素同位体比でメタンの起源推定が可能という指標性には、地球表層環境の物理化学条件に限るという条件が付いていた】</u>ことを示している。つまり、極限環境（温度・圧力・H_2濃度など）において安定同位体比をメタンの起源推定指標として利用するには、メタンの安定同位体比の特徴と環境条件との対応を明らかにして<u>【極限環境にも適用可能な安定同位体指標として（再）確立する】</u>ことが急務である。

　1枚目に図がないと、字だらけになって審査委員の「読もう」という意欲が心理的にそがれる。審査委員の心理的な負担を減らすために図が必要だし、研究の「対象そのもの」を図なしに説明することはちょっと難しい。必ず1枚目に概念図を1つ持ってこよう。

●概要と本文は起承転結、または起結承展になるように
●1ページ目が文字ぎっしりは嫌われる（概要を図に語らせよう）
●自研究を積極的に引用する
●予備データを入れるのは効果的

What's 科研費？①

○他の外部資金よりも獲得しやすい。
○他の外部資金のような、細かい指導や報告会開催義務などがない。自由度が高い！
○設備投資できる。人を雇える。自由で使いやすいお金。

NEXT → P75

5 視覚的・直感的に見せる

研究内容を伝える図を描こう

　繰り返し言うが、審査委員は忙しく、そして（たぶん）老眼である。さらに疲れているかイライラしている。文字だけがべたべた並んでいると、「え、これを端から端まで読まないといけないの？」と気持ちが萎えると審査委員は本音を明かす。図や絵（以下「図」と総称）のないページはたいてい斜め読みになる。

　論文のように、概要を読んで、図を見ながらそのキャプションを読んで、「ああ、こういうことやりたいのね」と大枠を理解できるのが良い申請書。自分の専門から離れた申請書を読む審査委員は特に、わかりやすい図と見やすい書面を切望している。

　細かい字を追わせるなどもってのほか、図だけ眺めれば研究内容がわかってもらえるようにまとめよう。図で概要を伝え、該当する本文に視線を導けたらこっちのものだ。図と本文太字を対応させ、追うだけで内容が入ってくる作り方がよい。

　図の数は、目安として1ページに図が1～2点あるとよい。私の申請書では図が紙面の半分を占めるが、一般的には申請書1枚の2～3割を図が占める程度の申請書が多い。ただし、「図を多くしよう」ということはでない。図ばかりで肝心な本文が少ないのは微妙である。図で完結させず言葉でもきちんと説明すること。本文の文章が図を見ないとわからないという状態にはしない。

◆何を・だれと・いつまでに研究するのか一目瞭然な図を作る

　さらに審査委員が審査しやすくするために、最低限次の3つの図は用意する。

> | 何を： |
> | :--- |
> | 　１ページ目に全体構想が一目でわかる概念図を置く |
> | **だれと：** |
> | 　研究分担者・協力者がいる場合は、役割分担がわかる図を置く |
> | **いつまでに：** |
> | 　研究計画、いつまでにどこまで明らかにするかのフロー図を置く |

　申請書で実際に使われたさまざまな図を見ていこう。

何を　申請書１ページ目の概念図

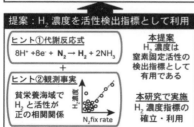

　このように３つに切り分けられていると内容をつかみやすい。上段「重要性」と中段「ミスマッチ」に対し、「自分の提案」を下から押し上げている。コマ内の語を見やすく大きい文字にするため、表現を磨き字数を絞っている。

　図の下にキャプションはもともとない。図を使いすぎず、かつ話の流れ上ちょうどいい場所に図が来るなら、図番号も図タイトルもいらなくなる。

何を　申請書 1 ページ目の概念図

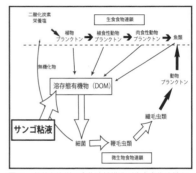

図 1. サンゴの放出する粘液. 申請者の論文が Bulletin of Marine Science 誌のウェブサイトで特集された際の記事から引用（2010 年 10 月）

図 2. 一般的な海洋の食物連鎖構造（生食食物連鎖と微生物食物連鎖）。ここにサンゴ粘液が加わると，溶存態有機物のマスが増大して微生物食物連鎖における炭素フローが促進されると予想され，**本研究でサンゴ粘液からスタートする微生物食物連鎖内の炭素の流れ（白枠の矢印）を定量的に明らかにする。**

［左］　研究目的のページに置かれた縦長の概念図。今わかっていないことが何なのか、解明したいのはどこなのかがすぐつかめる。図のキャプションも、円グラフの数値も省く思い切りの良さで、要点だけをきっちり伝える。

［右］　上段が記事掲載。申請者のこれまでの取り組みをアピールしている。下段の図は、食物連鎖構造を文字と矢印の向きで伝え、「白抜き矢印を本研究で解明する」と説明書きに書いてある。図はシンプルだが、この内容を文字だけで説明するとなると途方もない文章量となる（そして、伝わらない）。

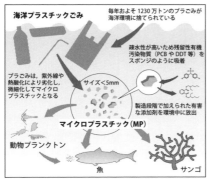

図1. これまで約83億トンのプラスチックが製造され，63億トンが廃棄物となり，うち79%は埋め立てられたか環境中に廃棄された[1]．毎年1200万トンを超えるプラごみが海洋に蓄積を続ける[2]．一部はマイクロプラスチックとなり食物連鎖に取り込まれる．

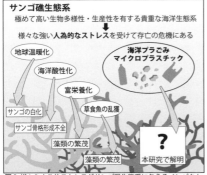

図2. 様々な人為的ストレスがサンゴ礁生態系に与えるインパクトについて数多くの優れた研究があるが，プラごみの影響については未解明である．本研究は世界のサンゴ礁におけるマイクロプラスチック汚染の実態を定量的に明らかにする．

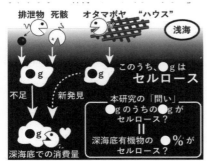

図1. 沈降有機物収支の研究背景と問い。有機物量は、年間1 m²あたりの炭素量。

左上段の図は「海の中で今何が起こっているか」をイラストで示した図。プラスチックごみと海の生物の研究であるとつかめる。上段の図1が「対象そのもの」の概念図、左中段の図2は研究が目指すことを「？」で示す図となっている。

▶▶カバー内側にカラーを掲載

左横の図は概念図のイメージをいい意味で裏切っている。このかわいくわかりやすい図の中に、研究背景と問いがくっきりと示され、オタマボヤ（動物プランクトンの仲間）の働きが研究のカギを握っていることもわかる。1ページ目が字だらけだと読む気が一気に失せると言っている審査委員も、これなら大丈夫だ。

何を 申請書 1 ページ目の 概念図

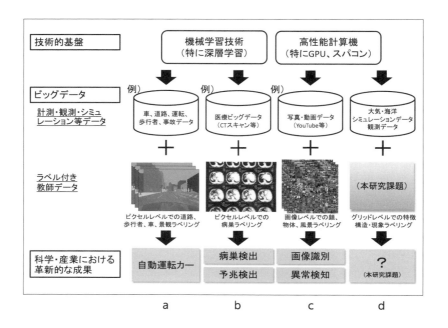

　整然とした図。ここに入れられた概念を文字だけで伝えるなら大変そうだが、この図によって左列からａｂｃｄの順に理解していける。車→自動運転、ビッグデータ→病気検出、画像→認識、なるほど……と来て、4 列目のｄで申請者の目指すものを理解する。ａからｃが現実感を伴う適切な例示なので、それらと同じようにこの研究も実を結びそうと、専門外の人もイメージできる。

▶▶カバー内側にカラーを掲載

だれと 研究分担・協力の関係性を整理する図

　研究の中に複数のテーマがあれば、お互いのテーマがどのように関係して、どのように結びついているのか。それぞれのテーマでは、いついつまでに何をやるのか。それらが一目でわかるようにフロー図に落とし込む。研究体制を表す図を紹介する。

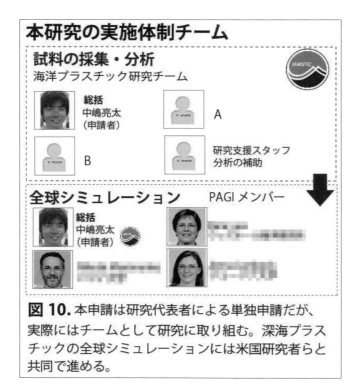

本研究の実施体制チーム

試料の採集・分析
海洋プラスチック研究チーム

総括
中嶋亮太
（申請者）

A

B

研究支援スタッフ
分析の補助

全球シミュレーション　　PAGI メンバー

総括
中嶋亮太
（申請者）

図 10. 本申請は研究代表者による単独申請だが、実際にはチームとして研究に取り組む。深海プラスチックの全球シミュレーションには米国研究者らと共同で進める。

　私の掲載方法はいつも上記のとおり。だれが何を担当するかが一目でわかるようにしている。いついつまで、という時間の情報も加わるとなおよい。関係組織のシンボルマークや、関係者の顔写真なども可能な限り載せ、カラーで作成する（今回の書籍掲載に際しては AI で作成）。

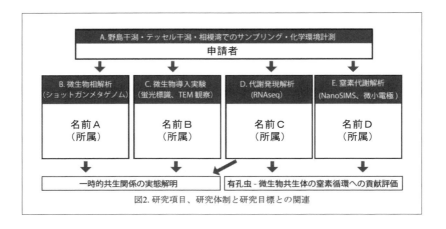

図2. 研究項目、研究体制と研究目標との関連

　この研究体制図は、研究項目（A～E）、研究目標（下部の2つ）の相関が多少複雑だが、だれがどこを担当するのかが見やすくまとめられている。

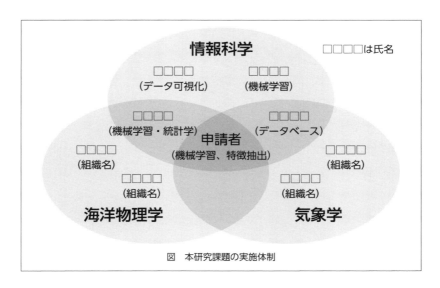

図　本研究課題の実施体制

　異分野の専門家とのコラボレーション。「ベン図、その手があったか」と思うほど、シンプルでわかりやすい。

いつまでに ストーリーが一目でわかる 見やすい進行表

　年度ごとの計画、網かけの位置でフェーズが一目でわかる。字数は少なく文字は大きく、読み取る苦労はまるでなし。Excel で作れるので作図が苦手な人にもおすすめ。計画に変更が生じても作り直しが楽だ。

表. 本研究課題の遂行スケジュール

年度		検討①	検討②	検討③	検討④	検討⑤	検討⑥	学会発表	投稿論文
2022	上半期								
	下半期							1件	速報
2023	上半期							1件	
	下半期							1件	
2024	上半期							1件	
	下半期							2件	まとめ

　同僚の申請書を参考に作成した研究フロー図の例。研究代表者と他の研究を巻き込む体制図、研究項目、そして時間軸が組み込まれ一目で研究のロードマップを把握できる。「だれと」と「いつまでに」が合体しており大変わかりやすい。さらに目的から成果物（学会発表・論文投稿）を生み出すまでの現実的なストーリーを伝えることに成功している。

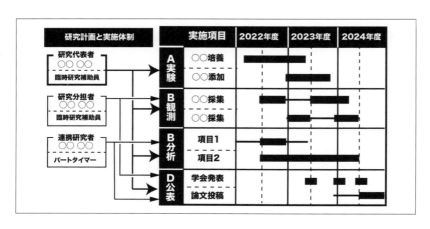

◆図の作成と配置

　最近は、イラストレーターできっちり作った（一見）きれいな図を載せてくる申請書が増えている。その中で勝負するわけだから、図が汚いと評価にも少なからず影響する可能性がある。絵心、つまり描画や図解の才能はあとあとも必要なので、申請書を機会にがんばってほしい。

　根っから苦手な人は人手を借りるのもありだ。自分の伝えたい内容とできれば自作の絵コンテを見せ、得意な人に見栄えよく収めてもらってもOK。むしろ、描き手に伝える際に細部を確認されたりするから、内容のブラッシュアップになる。

①作成と挿入

　図はイラストレーターなどで作成し、pngやjpegに変換したものをWordに挿入する。

　Macの場合は、挿入した図を右クリックして、「配置とサイズ」→「文字列の折り返し」→「外周」。そうして図のサイズをマウスで調整しつつ、好きな場所に配置する。

　Windowsでは、目的の場所にとりあえず図を置く。大きすぎても何もせず、上に表示されている「図ツール」というタブをクリック。「図の形式」ツールバーが表示されるので、そこからサイズ調整などを行い、本文の位置などと合わせていく。

②作図時の配慮
・図をWordに挿入すると図と文字の間に自動的に余白ができるため、作った図に天地左右の余白が多いと、挿入したときにさらに余白が目立つ。図を作る時点で余白の大きさを想定しておこう。
・図中のフォントサイズに注意を払う。図中のフォントが小さすぎる申請書は多く、審査委員からすると「どうやって見るの!?」となる。
・グラフの縦軸と横軸は日本語にする。

③図のキャプションは重要

　図のキャプション（図の下に置く説明）のほうが本文よりも読まれやすい。論文を読むときと一緒で、審査委員は概要を読み、図を見て、次に図のキャプションを見て全体の方向性を理解する。ただし、本書の例でも示しているように、図のキャプションなしで、図内の文章で説明を完結させるのもあり（P54参照）。

④知っておきたいコツやルール

・横書きを読む視線は左から右へと向かうので、図が右側だと流れるように読める。左に図がある状態は、横書きの文を読む読み手には心地よくない。

・図の挿入で文の流れを壊さない。ひとつの話題がページをまたぐことがないよう、図のほうを調節する。

・基本的なことだが、表のタイトルは表の上に置き、図のタイトルは図の下に置く。

図の配置後のチェック事項

☑　図と本文は対照がしやすいか？
☑　図は右側に置いているか？
☑　文が途中で改ページされていないか？
☑　図が優先で本文がおろそかになっていないか？
☑　文がおかしなところで改行されていないか？

◆申請書の図は、カラー・白黒どちらで作るべき？

　正直どちらでもいいがカラーのほうがよさそうだ。なぜかというと、審査委員には白黒印刷された紙媒体の申請書とPDFのどちらも渡される。書き込みながら審査したい人は紙を好むし、移動中にパソコンで審

査したい人は PDF を好む。PDF で審査される可能性もあるから、カラーのほうが断然図は見やすい。

ただしカラーの場合は、白黒印刷してもきちんとわかる図にすること。例えば、温度や等高線などがカラー表示されていて、数値が大きいほど赤色、数値が小さいほど青色の図があったとする。これを白黒印刷すると全部黒色になって「この図はどうやって見るんじゃ！」となってしまう。そんなことがないように、カラー図にするなら、白黒印刷されてもわかる図にする。めんどくさければ最初から白黒で作ればいい。

ちなみに、カラーの図は本書のカバーの内側に掲載している。モノクロでも読める形で配色されていることを、カバーをはずしてその裏を確認してみてほしい。審査資料のカラー化は進められており、令和 5 年度には研スタ他 3 種目、令和 6 年度には特別推進研究と基盤 S、令和 7 年度には学術変革領域研究がカラー審査に移行している。

◆図はオリジナルを用意する

また、何でもいいから図を入れなきゃ！という考えにとりつかれ、官公庁のホームページからひっぱってきたグラフや表、どこかのウェブサイトの図をそのまま貼ったりするのは絶対に NG だ。出典を記す・記さない以前に印象がきわめて悪い。本当にオリジナルの着想なのかと研究自体が疑われる。図はすべてオリジナルを自分で作ること。ただし、国内外の研究状況を伝えるために、言葉で難しければ引用論文の図を出典を示して紹介するのはありだろう。

◆ 「研究方法」の図について

ちなみに、申請書の「研究方法」は、審査委員は熱心には読まない。委員の研究分野にドンピシャなら真面目に読むだろうが、専門外の研究方法を読んでもそれが正しい方法なのかどうなのか、正直ジャッジできないからだ。方法を具体的にしっかりと書くのは当然だが、図や文字装飾でそんなに飾る必要もない。方法説明には字数がいるので、図を盛り

込むことにとらわれすぎると狭苦しいレイアウトになる。

　そのため、研究方法のページは図少なめで通す申請書が多いし、それで問題ない。研究方法には、研究の実施体制図（だれと）と実施計画（いつまでに）の図は最低でも入れよう。研究の手法そのものは図にすると複雑になりやすく文章で語るほうが楽である。

　その一方で、下に示した著者の申請書は、あえて研究方法も図に多くを語らせようと思い、ページの右半分をイラストで埋めた。この例は著者の研スタの研究方法のページ（切り抜き）である。イラストを見ればやろうとしている研究手法が伝わるように矢印を使って調査・分析の流れが把握できるように工夫した。ただし、図中の文字を小さくせざるを得ず、今思えば老眼には優しくない図だ。図中の字サイズはもっと大きいほうが好ましい。

—研究方法—
【30年度】環境中のマイクロプラスチック（MP）のグローバルマッピング（図4）
　世界10カ国地域のサンゴ礁から堆積物（サンゴ砂）＆水柱浮遊物を採集する。採集はスクリプス海洋研究所が担当、処理と分析は申請者の所属する海洋研究開発機構で行う。試料は洗浄した後、ヨウ化ナトリウム溶液（比重1.6）でプラスチック（＋有機物）を密度分離する。濃硝酸で有機物を除去し、プラスチック試料をメンブレンフィルターに捕集。ラマン分光法を用いてMPの同定と計数を行う。電子天秤を用いてMPの重量を測定し、単位堆積物（kg）あたりのMP量を見積もる。結果を世界地図に落とし込む（図3のイメージ）。

図4. 30年度の計画. 10カ国地域のサンゴ礁から採集した堆積物＆水柱浮遊物からマイクロプラ（MP）を分離, ラマン分光顕微鏡により計数と同定を行う

●図は必ずオリジナルを用意する
●シンプルでかまわないので、わかりやすい図を心がける
●研究構想の概念図、研究体制図、進行のフロー図は必ず入れる

6 申請書は読まれないが、それでも一生懸命に書こう

最後までびっしり埋める・隅々までチェックをする

　審査委員は超多忙で、申請書を全部隅々まで読んでくれるわけではない。それでも一生懸命に書いた文章かどうかはすぐに見抜いてしまう。読みやすい文章は、それなりに時間をかけている証拠。片手間で仕上げたものは、「あー、慌てて書いてるなぁ」とすぐばれる。そういう書類は、後半になるとさらにやっつけ仕事である。急いで書いた申請書ほど読みにくい。全文を一字一句手抜きせずに書こう。

◆分量配分を考える

　若手研究と基盤Cでは、「研究目的」と「研究方法」は合わせて4ページ以内で書くことになっているので（基盤Bは5ページ）、それぞれを何ページ割くかは、申請者によって調整できる。ただし、4ページの中で研究目的に3ページは長い。そうすると残り1ページに研究方法、たとえば2～3年分の研究計画を書かなければならなくなり、「準備不足」「説明不足」の印象を持たれてしまう。だから目的と方法はだいたい半分ずつが理想。

・若手研究と基盤Cなら、目的2ページ・方法2ページ
・基盤Bなら、目的2ページ・方法3ページ

◆文字装飾で見やすく仕上げる

　文字装飾を主に使うところは、「学振からの設問（小文字の指示）」と、「それに対する答え」。そうすれば審査側は、設問への答えをちゃんと見つけてくれる。
　これまでに文字装飾が施された実例をたくさん紹介してきた。ここで整理しよう。

■**強調ポイント**

①設問対応箇所

②研究概要

③本文内キーワード・見出し文字・図表キャプション・図表内文字

■**装飾アイテム**

①フォントタイプ（明朝、ゴシック、イタリックなど）

②ボールド（太字）、斜体

③下線、網かけ、白抜き

④小文字（行数を使わずに自業績を挿入するなど。小ささも目立たせる要素になりうる）

　　　太字＋下線のようにブレンドも可能である。

　飾りすぎには注意。太字多用はかえって読みにくい。いろいろなパターンの装飾が入り乱れると、どこを強調したいのかわからなくなる。

　長すぎる下線も避ける。下線を引きたい範囲が5行以上にわたるならもはや強調とは言えないので、文をまとめ直したり、違う方法を考えたりしよう。

◆文や文字の「密度」に注意を払う

①最後までびっしり・こぎれいに書く

　丁寧に、リキを入れて、びっしりと書く。文章を書ける行を紙面の最後のほうに残してはいけない。見た目に美しい申請書は一番下までびっしりと埋めてある。文字を無理に増やさなくても、図の大きさを調整しながら、申請書の余白ギリギリまでつめて書きながらびっしり埋める。

　びっしり書くとは言ったものの、時にはスペースも必要。字のまとまりの間に1行開けると見やすくなる。申請書の体裁の確認は紙に印刷し

て行おう。多くの研究種目がまだ紙媒体でも審査されるからだ。

　前半に心を込めていても、後半は尻すぼまりで空欄が多く疲れが見える申請書は多い。後半も疲れを見せずにびっしりと書こう。審査委員は1・2枚目を集中して読んだあと、数枚軽くめくり、業績や研究経費のあたりで再び目を止めるというパターンがあるから油断は禁物。

「びっしり書く」と「読みやすい余白」は両立できる

　下記の例は、しっかり余白はとっているが、「書き残しの行」はまったくない。「あと1行入るね」と思われるようなスペースは作らない。びっしり、きっちり、最後まで埋める。

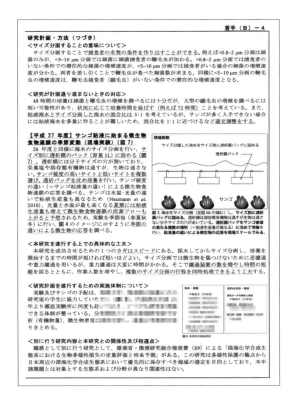

70

②一文一文が適正な長さか確認する

　審査用の文章には持って回った表現や凝った構文は禁物だ。その分、一つの文が長くなる。気づかずにそういう表現を用いていないか、全文チェックしよう。

◆結語は明確に、断定的に書いて自信を示そう

　自信ある研究で科研費を申請しているなら、臆病な表現や謙遜はしないほうがいい。採択される書類では、やはり結語に自信が溢れている文章が多く見られる。

> × 「〜と考えられる」「〜と思われる」「〜の可能性がある」
> ○ 「〜を見いだした」「〜できる」

　さまざまな結語を友人知人の採択申請書からランダムに抽出してみた。自信のない結語を使ってきた人は参考にしてほしい。

自信をアピールする表現集

[前人未踏系]
　国内外を検索しうる限り探したが同様の実験は見当たらない
　世界で初めて〇〇を行い得る可能性を見出した
　本研究はきわめて独創的と言える
　同様の研究の先例はまったくない
　〇〇の論文（2001）以外、国内外ともに学術的報告は見当たらない

[研究躍進系]
　先行研究でも十分に実績があり、これを遂行することによって〇〇をブレークスルーできる
　更なる新知見の発見があると期待している

従来知られていた〇〇の理論に新たな□□を加え広く拡張する

経験則の枠にとどまらない斬新な成果を獲得しうると確信する

[実績訴求系]

〇〇についての知見を永年集めてきた

当該研究は申請者のライフワークの一つである

[体制盤石系]

本研究を遂行するにあたり最適格の研究所である

継続的な研究と成果発表を重ね、研究環境も十分に整う申請者の研究遂行能力は極めて高いと考える

研究分担者は安定した専門機関に所属しており、遂行に何ら支障はない

研究遂行に明白な困難は予想されないが、万が一の場合も□□の支援を仰ぐことが可能だ

わが実験室内に〇〇の装置を現有している

従来より幾度となく行ってきており何の懸念もない（※生命を扱う実験のケース）

[成果共有系]

研究の完成により〇〇の快適性（利便性）を広く享受できる

海外英文誌への投稿を目指す

研究成果は学会や英文誌に投稿すると同時に、社会・国民に無償で提供する

研究の、一般社会向けの一部分に関してはインターネット上への公開も検討する

[救世主系]

現場における〇〇開発は急務となっている

社会は申請者のこの研究の完成を待ちこがれている

〇〇の悪化に対応すべく、本研究を速やかに実施する必要がある

今後の活用の第一歩を踏み出すために本研究を行わねばならない

使う前に、第2章の4「俺の研究世界一！」も参考に。

◆欧文表記や専門用語の記載を点検する

①表記の不統一、注記不足・注記過多にも注意を払う

例1　欧文になったり和文になったり

> ヒスタミンは……（5行後）……Histamine だが…

例2　説明なしで登場する欧文略称

> DPC は

例3　欧文略称の置き場所が前になったり後ろになったり

> Virtual Private Network（VPN）は……
> ……ところで SCAW（Scientists Center for Animal Welfare）においては

　欧文の略称に関しては、初出で定義したにもかかわらず、そのあとも正式名称が何度もフル表記されているケースが見られる。ものぐさなコピペ感が漂い、行数の無駄遣いでもあり、読み手もうんざりだ。「ぎっしりと書こう」とは無駄な情報を詰めることではない。審査委員の中には、このような些細な点を見つけて減点する人もいるので注意する。

②難解な語には注釈を入れる

　見直して、どうしても使用を避けられない専門用語には注釈を入れる。ただしそれをする前に、どの語が普通の人に難解なのかを確認しなければならない。自分は普段から使っているのだから難しいと思うわけがないのだ。どうすればいいのだろうか。

◆空気を読まない部外者に読んでもらう

　タイトルも本文も周りの人には必ず見てもらう。申請書は研究分担者には見せるけど、他の人にはちょっと……などと思っていたら大損。分野外の審査委員にあなたの研究をきちんと理解してもらおうと思ったら、

高校生が読んでもわかるくらいにやさしい・わかりやすい文章でないといけない。だから、研究者ではない人や分野外の人に読んでもらうとよい。

①研究者ではない人に読んでもらう

　もし可能なら、自分のいる学科や部署の外部資金担当の事務の方に頼んでみるといい。研究者以外の人が見るのは大事だし、採択・不採択申請書を毎年たくさん見届けているため目が肥えている。

　自分の部下（学生）に頼んでも、上司（教員）の顔色をうかがって、ダメ出しなどしてくれない。ここは空気を読まない友達などに読んでもらおう。空気を読まない部下でもいい。妻（夫）や彼氏（彼女）に読んでもらうのもありだ。本文を読んでもらい、「うーん、読み返してもここはわからない！」って言われたら、それは本当に（だれが読んでも）わからない。

　確認すると、重要な語句がぽかっと抜けていて、とてつもなく話が飛躍していたなんてことはよくある。素人だからこそ気づけたミス。その分野に通じていると、知識で補完して読めてしまうので欠落に気づけない。

②分野外の研究者に読んでもらう

　自分と関係のない分野の研究者に見てもらうこともおすすめ。ある化学研究者は、教育学、心理学、看護学などのまったく異分野の研究者に申請書を読んでもらっている。研究者として論理文は読み慣れているが、分野がまったく違うので新鮮な読み方をしてくれるそうだ。分野外研究者の友達がいればぜひ力を借りよう。

　難解な語を使わないように書いていくのはある意味大変かもしれないが、書いてから「解く（ほどく）」作業は、ほとんどの文章で可能なはずだ。最初は慣れた専門用語で手加減なく硬く書き上げ、自分や他人の見直しを経て、どんどんリライトするのも一つの手である。

- ●学振からの問いには間違いなく答える
- ●文字装飾を使いすぎていないか
- ●無駄な余白ができていないか
- ●逆に余白が狭すぎないか
- ●尻すぼまりになっていないか
- ●一文一文が長すぎないか
- ●気弱な言い回しになっていないか
- ●同じ注記を繰り返していないか
- ●難しい語の言い換えや注釈を検討したか
- ●だれか第三者にチェックしてもらったか

What's 科研費？②

○科研費を獲ると、所属組織にも３割の間接経費が入る。間接経費も自由度が高い。

○科研費を獲る→人を入れられる→雇用の創出！

NEXT → P99

研究業績はもっともよく見るところ

Ｗｅｂ上の業績アップデートもぬかりなく

　審査委員の関心事は、一に研究内容、二に研究業績である。論文を書かない人よりも書く人に研究費を渡したいと考える審査委員は多い。申請者の中には自分の肩書を気にする人もいるが、審査委員からするとそれはどうでもいい。内容が面白いかどうかと、過去の業績がしっかりしているか。きちんと業績を積み上げてきている申請者には、審査委員はよい印象を抱く。

◆令和新方式の業績欄は容量不足

　令和元年度頃より、申請書上の「研究業績」欄が「応募者の研究遂行能力及び研究環境」に変わり、次の2項目を2ページ以内にまとめることとなった（若手研究、基盤C、B）。

> (1)　これまでの研究活動
> (2)　研究環境（研究遂行に必要な研究施設・設備・研究資料等を含む）

　様式変更前は、とにかくあらゆる業績を網羅的にみっしり書いていた。しかし変更後は、使えるスペースは限られ、研究業績は申請書と関係のある主要な論文を選んで載せることに。その他の研究業績の確認はWeb上のresearchmap（リサーチマップ）で行うことになった。
　だが研究業績に対する審査委員の関心は下がっていない。「毎年コンスタントに論文を書いている人に好感をもつ」「Natureに載せたなどとあれば、やはり『おお！』と印象に残る」などの声はある。

◆どこに論文リストを入れる？

　最大の備えは、申請書の「応募者の研究遂行能力及び研究環境」にコアとなる論文のリストを入れること。載った雑誌などの価値が、分野外の審査委員に伝わるかどうか心配なら「この雑誌はネイチャー級」「インパクトファクターいくつ」などと、自分から説明するという手もある。

業績リスト

発表済みの総論文数　55　件，うち主著論文　33　件，総説　3　件
本研究に深く関わるコア論文として5編を掲載する（研究目的に記した業績番号に対応）。
課題代表者に下線を付し、責任著者には＊を付記した。

［業績1］
Nakajima R* et al. (2022) 　Occurrence and levels of polybrominated diphenyl ethers (PBDEs) in deep-sea sharks from Suruga Bay, Japan. **Marine Pollution Bulletin** 176: 113427

［業績2］
Nakajima R* et al. (2022) 　Plastic after an extreme storm: The typhoon-induced response of micro- and mesoplastics in coastal waters. **Frontiers in Marine Science** 8: 806952

［業績3］
Nakajima R* et al. (2021) Massive occurence of benthic plastic debris at the abyssal seafloor beneath the Kuroshio Extension, the North West Pacific. **Marine Pollution Bulletin** 166: 112118

［業績4］
Nurlatifah et al. (3番目 Nakajima R) (2021) Plastic additives in deep-sea debris collected from the western North Pacific and estimation for their environmental loads. Science of The Total Environment 768: 144537

［業績5］
Nakajima R* et al. (2019) A new small device made of glass for separating microplastics from marine and freshwater sediments. PeerJ 7: e7915.

　上記は、申請書のテーマと関連する論文として5編を掲載する例。研究代表者に下線を引き主著論文で書いていることを示し、アスタリスクで責任著者としての貢献も審査委員に伝わるようにする。スペース的に全部の業績は記せない。研究代表者のアクティビティを審査委員に伝えるために、総論文数や自分が筆頭（または責任）著者の論文数も併せて説明するとよい。

次の例は見出しに注目。「本研究に深く関わり、また主たる役割を担ったもののみを抜粋」とある。まさに審査側の知りたい要点である。

---

(3) 業績リスト（本研究に深く関わり、また主たる役割を担ったもののみを抜粋）

1. Kawagucci et al. Cool, alkaline serpentinite formation fluid regime with scarce microbial habitability and possible abiotic synthesis beneath the South Chamorro Seamount, ***Progress in Earth and Planetary Science (PEPS)***, 5:74, 2018b.
2. Kawagucci et al. Hadal water biogeochemistry over the Izu-Ogasawara Trench observed with a full-depth CTD-CMS, ***Ocean Science***, 14, 575-588, doi: 10.5194/os-14-575-2018, 2018a.
3. Miyazaki et al. (incl. Kawagucci*) WHATS-3: An Improved Flow-Through Multi-bottle Fluid Sampler for Deep-Sea Geofluid Research. ***Front. Earth Sci.***, 5:45, 2017.

（このあとにも業績が続く）

◆論文以外のアクティビティも書く

「研究遂行能力」を示すために、論文リストをペロッと貼るだけの人が多い。たしかにそれは楽だが、それにプラスして自分の能力を文章で示そう。論文リストだけだと、「私には遂行能力あることをそこから推察してくれ」と言っていることと同じ。忙しいこちらにいちいち考えさせないでと思う審査委員もいる。

だから遂行能力を文章で書くには、例えば、「今までの自分の研究背景にはこのようなものがあるから、自分はこの研究はできるんです」という説得力がほしい。下の例のように、遂行能力があることを具体的な文章で伝えてほしい。そのほうが審査する側は楽である。

3　応募者の研究遂行能力及び研究環境

本欄には応募者（研究代表者、研究分担者）の研究計画の実行可能性を示すため、(1)これまでの研究活動、(2)研究環境（研究遂行に必要な研究施設・設備・研究資料等を含む）について2頁以内で記述すること。
「(1)これまでの研究活動」の記述には、研究活動を中断していた期間がある場合にはその説明などを含めてもよい。

(1) これまでの研究活動

申請者は、これまでにサンゴ礁と深海における生態系研究に従事してきたが（査読付き発表論文38本、うち25本は筆頭著者）、**2016年から米国・スクリプス海洋研究所において海洋プラスチック汚染の研究に着手**してきた。本年4月にJAMSTECに移籍してからは、環境省と文科省によるマイクロプラスチック受託研究の研究分担者を務めている。また**米国を中心とする海洋プラスチック国際ワーキンググループ（PAGI）のメンバーであり**（アジア地域からは1人）、海洋プラスチックの国際的な（最先端の）動向を常に把握している。

◆**新聞記事やジャーナルの表紙も貼ることができる**

　自分の研究を取り上げてくれた新聞記事や、ジャーナルの表紙を飾ったときにはそのジャーナルの表紙を画像で載せることも可能だ。メディア記事の画像などを申請に織り込むのは、自分の論文の引用と同様に効果的。

　ただしこれは、金額の低い研究種目の話。自身の研究が Nature の表紙を飾ったある研究者は、申請書（基盤 S）の目立つ部分にその画像を置くことはしなかった。次のような理由をこっそり教えてくれた。

①基盤 S のヒアリング審査に残る申請者で Nature や Science に論文がある人は珍しくない

②いいジャーナルに載ることが研究費獲得の決め手ではない

③基盤 S まで来ると、実績よりも「この先何をやるか」への期待や確実性が評価対象になっている

④（①とは矛盾するが）万が一の妬み嫉みを買わないようにする

　いずれにせよ、これは基盤 S のケース。若手研究や研スタや基盤 C の人は、とにかく業績をにぎやかに。そのためにも普段から論文をきちんと書いておこう！

◆**審査委員はリサーチマップをどう利用するか**

　学振の Web サイトには、「科研費の審査では、審査委員が業績情報の確認のためリサーチマップを参照する場合がありますので、リサーチマップへの登録はお忘れなきようお願いします」としっかり書かれている。しかし、紙を渡されるのと違い、Web で見るというひと手間が増えたために審査委員がリサーチマップを閲覧してくれるかどうかは気になるところだ。審査委員がリサーチマップをどのように参考にするのか、ヒアリングしてみた。

①ちゃんと見る派

　委員によっては真っ先にリサーチマップを見る。委員には申請者のリサーチマップのリンクが提供されるので、（パソコンで審査する委員にとっては）ひと手間増えるという感じはない。

　リサーチマップで見るのは論文業績だけ。申請者が筆頭著者、責任著者（ともに後述）のいずれで論文を書いているのかを見る。筆頭著者で論文が全然ないと、「それはないでしょ」と思うそうだ。論文を書かない人にお金をあげてもしょうがないという思いは強く、リサーチマップに論文がなければ、研究遂行能力なしと見なされることもある。

　書面審査において、「リサーチマップに業績の記載がないためこの申請者のアクティビティは不明」という講評も実際に見受けられる。見られるという前提で、リサーチマップには業績をもれなく載せておくこと。

②場合による派

　リサーチマップを見るときと見ないときがある。すごく良い申請書だともう見ないし、逆に全然ダメな申請書も業績を見るまでもない。相対評価なので、いくつかの申請書が競合していて判断に迷うときに業績をチェックする。主に論文が定期的に出版されているか、申請者の研究における安定性や持続性を見る。

　業績より内容で決めると言い切る人でも、「面白い申請書だと良い意味で業績も覗いてみたくなる」と言う。

③見ない派

　リサーチマップをまったく見ない審査委員は現実として存在する。論文がある人にとっては悔しいことこの上なし。見ない派は、業績よりも内容重視の審査委員。申請書が秩序立って書けているかがもっとも重要で、さらにその内容が面白いかどうかで決めているタイプだ。ただしそれは、基盤Cや若手などの金額の低い書類を審査するときの話。むしろ基盤SやAでは業績をしっかり見るとのこと。

◆ リサーチマップを充実させよう

　たとえ見ない派が主流であったとしても、リサーチマップを放置していてはいけない。リサーチマップの手を抜いたがために不採択になるケースだってあるからだ。

　私自身のリサーチマップのトップがこちら。たくさんのタブが並んでいる。いつ見られてもいいように、リサーチマップには自分の全研究情報を誤字脱字なく入れる。

　特に「論文」のところ（上の丸印）は、「査読有り」「筆頭著者」「責任著者」（下の丸印）を必ず表示させること。

リサーチマップの論文リスト欄

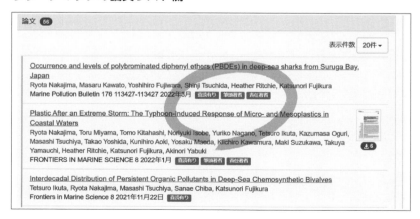

◆筆頭著者・責任著者の効果

　若手研究、基盤Cのような金額の低い科研費は、本人の研究能力が重視されるので、筆頭著者（first author）で論文をコンスタントに出しているかが見られる。ところが、基盤A・Sなどになるとマネジメント力も問われてくるため、筆頭著者論文だけではなく、責任著者（corresponding author) の論文がどのくらいあるかも重要視される。ファーストではない代わり、チームをまとめる能力の高さをアピールできる。

　リサーチマップの論文欄には画像やPDFファイルも掲載できる。オープンアクセスの論文であればPDFで載せてもよいし、もし自分の研究がジャーナルの表紙を飾ることがあれば迷わず画像で載せよう。

　リサーチマップのタブは次のような項目だ。

研究キーワード／研究分野／経歴／学歴／委員歴／受賞
論文／ MISC※／書籍等出版物／講演・口頭発表等
担当経験のある科目（授業）／所属学協会
共同研究・競争的資金等の研究課題／メディア報道

　　　　※ MISC：査読のない原稿、ニュースレターの解説文、書評など、論文に該当
　　　　　しない学術的な文章

◆業績が少なくてもアピールをあきらめない

　だれだって最初は業績がない。だから「業績があるかのように見せる」のがポイント。リサーチマップはともかく、申請書の「研究遂行能力及び研究環境」にはスペースが許す限り研究活動を書く。招待講演、学会発表など、入れられるものは何でも入れ、その講演のフライヤーも載せてしまおう。

●リサーチマップは必ず更新
●論文リストをただ貼るだけではダメ
●論文以外のアクティビティも記載する
●遂行能力があることを明確にアピールする

8 数字は丁寧に—研究予算の立て方

> 万全の環境や備えをアピールした上で根拠のある予算を示す

　申請書の1～2ページ目がよくても、後半の研究計画が無謀だと成功を危ぶまれるし、特に予算の書き方が雑だと心証が悪い。そういう申請はやはりうまくいかない。申請書のほとんどの印象は冒頭で決まるが、前項で述べた相対評価の人数調整などの際は、計画や予算のページをチェックされることになるから、手抜きせず作成する。研究期間が3年なら、3カ年の計画内容、予算の積み上げ方などをチェックされる。

◆研究環境の万全さをアピールする

　環境は、基本は揃っている。特殊な機器・装置は揃っており、支援する人的な体制も整えられており、研究環境は盤石であることを示す。

　ただし、「設備はこんなにあってもう完璧ですよ」と言い切ってしまうと、審査側は「じゃあもうお金いらないね」となりそうだ。なので、「だいたい揃っているけどこれが足りないんです。これを足すと1＋1＝3になります」という前向きなニュアンスが伝わるように表現してみよう。

　何か大きなものを購入する際には、研究を完遂するためにはここが足りないので、それを今回購入しますと書く。備品は揃っているが人手が足りないときは人件費を計上します、と書く。

記載例① 文章でアピール

> 　研究代表者が所属する○○大学医学部研究室には、○○生化学実験センターが併設されており、○○培養装置、DNA解析装置は最新型を備えている。各種顕微鏡、各種電子顕微鏡、○○を探索する際の照明装置等もすでに完備されている。採取した○○を即時に分離する機器・分析機も複数ずつ保有しており、機を逸さない安定した測定が可能で

ある。

　センターは令和○年新築の施設で電源システムも最新であり、大規模停電等においても計測は中断しない。加えて、操作や維持に熟練の技術や知識を要する○○装置（機器名）については専門の技術職員が支援する体制が組織的に整えられている。予期せぬ人員欠員時には、併設の○○大学医学部付属病院に応援要請も可能である。

　以上の通り設備は充足しており、本研究を遂行する上で最たる支出は、日々費消する試薬○○である。その保存用専用冷蔵庫の費用を予算に計上した。

記載例② 　資料画像つきでアピール

【研究設備】

海洋プラスチックの研究には、ポリエチレンやポリプロピレンなどのプラスチックの材質を分析することが必要不可欠で、材質同定のためにはフーリエ変換赤外分光光度計（FTIR）とラマン分光が一般的に使われる。しかし、微小なマイクロプラスチックを検出するためのFTIR顕微鏡やラマン分光顕微鏡は極めて高額である。JAMSTECでは、ラマン分光顕微鏡や同じく材質同定が可能なハイパースペクトルカメラといった高額分析器はいつでも使える状況にある（図15）。上記のラマン顕微鏡等では分析できないほど微小なマイクロプラスチックの場合には、（材質はわからないが）計数するための蛍光実体顕微鏡が利用できる。また、海底堆積物や生物からマイクロプラスチックを抽出するための前処理（密度分離や化学処理）に必要な濾過器・ホットスターラー・超音波洗浄機等、一連の設備もすでにそろっており、**本申請研究は確実に実行可能**である。

研究設備

ラマン分光顕微鏡　モフォロギG3（マルバーン社）

ラマン分光顕微鏡を用いることで、微小なマイクロプラスチックの材質（ポリエチレンやPETなど）を同定できる

ハイパースペクトルカメラ（リエゾン社）

ハイパースペクトル分光（近赤外域）からもプラスチックの同定が可能

図15. 申請者の所属する研究チームでは、ラマン顕微鏡やハイパースペクトルカメラといったプラスチックの材質同定に不可欠な分析器はいつでも使える状態にある。

　最後に「確実に実行可能である」で締めて、本研究の実行可能性を自信満々に示し、審査項目のひとつである「研究環境は整っているか」の答えを示す（審査項目の詳細は第2章の1で後述する）。

◆予算案を丁寧に仕上げるポイント

①粗い数字を適当に置かない

　予算は丁寧に書くことに尽きる。審査委員をしていると、旅費100万円、人件費500万円などとざっくりで出す人は多く、真面目に数字を積み上げているとは思えない。それで申請金額マックスで出してくる。例えば、最大4,000万円の申請書で、3,980万円で出す。さんきゅっぱー、本当に積み重ねた結果なのかと疑いたくなる。きちんと予算を積み上げてみてギリギリになったならよいのだが、とにかく粗っぽい数字をポンと置いただけ。そのような申請書に、審査側は良い印象は持たない。

②消耗品・旅費の明細も必ず書く

　大型機器や使用する機器は値段をきちんと書く。消耗品や旅費も、金額は概算でも仕方ないが、消耗品の品名がないのはNG。「チップ、チューブ類」「○○関連試薬」「一般試薬」「○○フィルター」「○○試料瓶」など、わかる限り具体的に書く。ただ「実験消耗品」としか書いていない申請書は印象が悪い。専門外の審査委員にわかってもらう努力という意味でも欠けている。

　旅費については、

・研究打ち合わせ（横須賀―つくば間、2人×3日×3回）
・成果発表（○○学会・那覇・4日×2人）

のように、移動する場所、人数、日数、回数等を明記した上でその金額を記入する。

　ここに挙げた「成果発表」は忘れてはならない。研究費を受け取るからにはその成果を社会に還元する義務があるからだ。発表にかかる論文投稿費、英文校閲費などの費用も計上できる。

③大きな買い物は計画的に

　ただし、適切に予算が設定されているかどうかは、審査項目として検

証される。購入するモノが高額でも、必要とする根拠を審査側が納得できればいい。そういうところで点数を下げられることはない。

あまりに備品に予算が偏っていると、消耗品はどうするのか（なくても研究は進むのか？）と疑われてしまう。2,000万円マックスの申請書で、機材購入費だけで1,000万円積んでくる人がいる。でも実際、採択されてもだいたい70％ぐらいに減額され1,400万円くらいしか使えない。機材に1,000万円使ったら残りの額でどうやって3年間も（分担者もいるのに）やりくりするのか。「どうやってやるんじゃー」と審査委員にツッコまれてしまう。

基盤Bなどで、純粋に研究目的ではなく機材を買うためでは？と思える申請にも悪い点数が付きがちだ。大きなものを買う研究であれば、もっと大きな基盤AとかSに出すべきである。「なぜ基盤Bで大物買い？」と審査委員は心で思っている。

年度	国内旅費の明細		外国旅費の明細		人件費・謝金の明細		その他の明細	
	事項	金額	事項	金額	事項	金額	事項	金額
H31	採集調査（黒潮中流-三重会合、12日間）	120	ASLO国際会議（米国・6日間）	260	研究支援スタッフ雇用（1名×12ヶ月）	2,400	学会参加費	60
H31	計	120	計	260	計	2,400	計	60
H32	日本海洋学会春大会（5月、東京、3日間）	5	ASLO国際会議（米国・6日間）	260	研究支援スタッフ雇用（1名×12ヶ月）	2,400	学会参加費	70
H32	採集調査（黒潮分岐前-琉球海溝、黒潮中流-南海トラフ、20日間）	200					傭船費（1日10万円×16日間）	1,600
H32	計	205	計	260	計	2,400	計	1,670
H33	日本海洋学会春大会（5月、東京、3日間）	5	ASLO国際会議（米国・6日間）	260	研究支援スタッフ雇用（1名×12ヶ月）	2,400	学会参加費	70
H33	採集調査（津軽暖流中流、10日間）	100					傭船費（1日10万円×8日間）	800
H33	計	105	計	260	計	2,400	計	870
H34	日本海洋学会春大会（5月、東京、3日間）	5	ASLO国際会議（米国・6日間）	260	研究支援スタッフ雇用（1名×12ヶ月）	2,400	学会参加費	70
H34	採集調査（津軽暖流終点-日本海溝、10日間）	100					論文掲載料	300
H34							傭船費（1日10万円×8日間）	800
H34	計	105	計	260	計	2,400	計	1,170
H35			ASLO国際会議（米国・6日間）	260			論文掲載料	300
H35			外国（米国）打合せ旅費（4日間）	190			学会参加費	70
H35	計	0	計	450	計	0	計	370

著者の基盤Bの明細

（金額単位：千円）

年度	国内旅費 事 項	金額	外国旅費 事 項	金額	人件費・謝金 事 項	金額	そ の 他 事 項	金額
2 6	＜調査旅費＞運賃（東京－沖縄×4回）	200	＜学会発表＞American Society of Limnology and Oceanography (ALSO) Aquatic Science Meeting（平成27年2月，スペイン，7日間）	280	実験補助（時給900円×1回の実験で10時間×実験4回×5名）	180	調査物品・試料輸送費（普通宅配便5,000円×4回、クール便1万円×4回）	60
	宿泊費（7日間×4回＝28泊）	180			有機物試料分析補助（時給900円×1回の実験で20時間×4回×1人）	72	微生物計数試料外注費（細菌400検体、鞭毛虫+繊毛虫200検体）	820
	＜学会発表＞日本海洋学会春季大会（平成27年3月，東京）	5						
	計	385	計	280	計	252	計	880
2 7	＜調査旅費＞運賃（東京－沖縄×4回）	200	＜学会発表＞American Society of Limnology and Oceanography (ALSO) Ocean Science Meeting（平成28年2月，アメリカ，7日間）	250	実験補助（時給900円×1回の実験で10時間×実験4回×6名）	180	調査物品・試料輸送費（普通宅配便5,000円×4回、クール便1万円×4回）	60
	宿泊費（7日間×4回＝28泊）	180			有機物試料分析補助（時給900円×1回の実験で20時間×4回×1人）	72	微生物計数試料外注費（細菌400検体、鞭毛虫+繊毛虫200検体）	820
	＜学会発表＞日本海洋学会春季大会（平成28年3月，東京）	5						

旅費等の明細（記入に当たっては、若手研究（B）研究計画調書作成・記入要領を参照してください。）

上：著者の若手Bの明細　　　下：経費の必要性を訴える文例

旅費、人件費・謝金、その他の必要性

国内および外国旅費として，申請者1名による国内・国際会議での発表にかかる旅費を計上した．あわせて会議参加費を計上してある．本研究は米国スクリプス海洋研究所との共同研究となるため，年に1度の研究打合せを行うための外国旅費も計上してある．本研究では試料分析前の前処理に非常に多くの時間が必要となるため，分析補助として最低限必要な人件費を計上してある．

●切りのいい数字をポンと置いただけの予算は手抜き
●危なっかしい計画ではないか
●研究環境の説明「余裕ありすぎ」も「困りすぎ」も避ける
●大きな備品には正当な理由を
●消耗品は品名や数量を逐一明記する

9 学会に能動的に参加して顔を売る

自分を知ってもらうことは大事。周りに審査委員がいるかもしれない

　本章１のところで述べたが、自分の研究課題にフィットする小区分では、自分が所属する学会の研究者が、審査委員になることだってある。だから名前を知ってもらっていて、自分がいい仕事をしていると認めてもらっていれば、審査委員のプラスの印象になることは間違いない（逆もあるけど）。

◆噂の真相──委員と知り合いだと点数が高くなる？

　審査委員と知り合いだと申請に有利に働くというのは本当だろうか。

　結論から言うと、ないとは言えない。「ある」と言い切ってしまってもいい。とはいえ、情実審査という話ではない。ここで言う「知り合い」とは、この人の論文を読んだなとか、あのときの大会委員の人だな？など、あくまでもアカデミックな場面でのご縁の話。

　あまり詳しく書けないが、旧知の先生に学会で会ったら、「君の申請書見たよ！」と声をかけられた（本当はダメ）なんて話は実際に聞く。

　所属学会の人が審査委員をやっていたら、それはかなりの縁と言っていい。活動ぶりがより鮮明な人に研究費を託そうという発想は、なんらおかしくない。

◆顔の売り方

　採択を引き寄せるためというよりも、研究者としての足場だ。そこがしっかりすると、たぶん科研費のほうもうまく回りだす。

　学会でのアクティビティは特に大事。どんなふうにすればよいか。

①いい研究発表をする

　意欲的に発表を続けていれば審査委員の目にとまる。科学的な内容だけでなく、いいプレゼンをすることが大事。同じ内容でもプレゼンがダメだと目立たないし、印象に残らない。申請書を書く努力と並行して、コミュニケーション能力を鍛えること。

②賞を獲りにいく

　口頭発表賞、ポスター賞、学会賞、なんでも積極的にエントリーしていこう。学会やシンポジウムでの受賞歴は申請書に記載できるだけでなく、科研費以外の研究費の獲得や就職活動にも効果がある。賞は狙って獲りにいくものだし、狙えば獲れるものでもある。

③種々の役目に参加する

　学会委員、若手の会の世話役……やれることには立候補しよう。もちろん役をもらったからにはやるべきことも一生懸命やる。他のメンバーとの共同作業で楽しみながら顔を売ろう。

◆前に出るなら若いうち

　発表、学会誌への寄稿、学会委員、その他あらゆる実行委員。あなたがまだ若く、業績が少ないならなおさら勧めたい。ポジティブな活動履歴は、基盤B・C、若手研究など、金額の低い研究種目には特に効果的だ。安い額の申請は目立ってなんぼだ。

　しかし、基盤S・Aにおいては、研究の積み重ねとその質がより重要であると、採択を得た人は言う。活動的であることだけでは加点につながらないので、異なる努力が必要になる。

　なりふり構わずがむしゃらにやれるのは、やはり若いうちだ。いまのうちにとことんチャンスをつかむ準備をしておこう。

第2章
審査委員経験者が教える
科研費を獲れる人は
いったい何をしているか

1　審査のしくみを知る

一次・二次の関係性や、評点やコメントの付けられ方をわかっておこう

　第1章では、時間の制約の中で審査委員がどこを「見る」のかを解説した。この章では、評価に迷った審査委員が、申請書をどのように「読む」のかを伝え、採択にアプローチしていく。

　審査においては一次・二次ともに、申請書を相対評価の正規分布に落とし込むことがゴール（採択課題の最終的な決定は学振サイドが行う）。その、ゴールまでの道筋を詳しく見ていこう。

表　審査のしくみ

すべて電子システム上で行う。本書で頻出の研究種目のみ掲載。
研究種目一覧は16ページ参照。

2段階書面審査方式

研究種目	1段階目の書面審査	2段階目の書面審査
	申請書を細かく見て各項目別に評点を付け、総合評点も付ける	1段階目と同じ審査委員たちが総合評点を付ける ・他の人の評点を参考に修正することもできる ・評価が分かれたケースは見直して審査する
基盤B	審査委員6名で見る	
基盤C	審査委員4名で見る	
若手研究		

総合審査方式

研究種目	書面審査	合議審査
基盤A	審査委員6〜8名で見る	左と同じ審査委員が、書面審査の結果をもとに合議で採否を決定
挑戦的研究		

　　　　　一次審査　　　　　　　　　二次審査

※審査のしくみはよく変更される。最新情報は必ず学振サイトで確認すること。

◆一次審査の評価方法

　左表「審査のしくみ」では、2段階書面審査方式（基盤B・C、若手研究）と総合審査方式（基盤A、挑戦的研究）の2タイプに分かれているが、一次審査の評定要素・評価方法はどちらもだいたい同じである。ここでは基盤B・C、若手における評価方法について述べる（挑戦的萌芽などは少し複雑なので本書では割愛する）。

①評定要素の評価

　まずは、下のⅠ〜Ⅲの3つの評定要素について4点満点で1〜4の評点を付けていく（以前は5点満点だったが2017年公募分から4点満点）。Ⅰ〜Ⅲの番号と、波線による強調とカッコ書きは解説用に今回付した。

Ⅰ　研究課題の学術的重要性（本当に重要？　面白いの？　役に立つの？）

・学術的に見て、推進すべき重要な研究課題であるか
・研究課題の核心をなす学術的「問い」は明確であり、学術的独自性や創造性が認められるか
・研究計画の着想に至る経緯や、関連する国内外の研究動向と研究の位置づけは明確であるか
・本研究課題の遂行によって、より広い学術、科学技術あるいは社会などへの波及効果が期待できるか

Ⅱ　研究方法の妥当性（何やるの？　ちゃんとやるの？）

・研究目的を達成するため、研究方法等は具体的かつ適切であるか。また、研究経費は研究計画と整合性がとれたものとなっているか
・研究目的を達成するための準備状況は適切であるか

Ⅲ　研究遂行能力及び研究環境の適切性（あなたは賢い？）

・これまでの研究活動等から見て、研究計画に対する十分な遂行能力を有しているか
・研究計画の遂行に必要な研究施設・設備・研究資料等、研究環境は整っているか

　　ここでは絶対評価で採点し、評点はシステム上に入力していく。その際に、2 以下を付けると、「どこが足りないか」を選んでクリックしないといけない。例えば、審査委員がⅢ「研究遂行能力及び研究環境の適切性」に 2 以下を付けたら、その中の該当する項目を選んでクリックする。

　　申請者が審査結果の開示を希望していれば、不採択だったときには、何人の審査員がどこに 2 以下を付けたかが確認できるようになっている。

　　以下の例では、「これまでの研究活動等から見て、研究計画に対する十分な遂行能力を有しているか」に 2 以下を付けた審査委員が 2 人いたことを示している。

審査結果の例

【審査の際「2（やや不十分である）」または「1（不十分である）」と判断した項目（所見）】
評点「2（やや不十分である）」または「1（不十分である）」が付された評定要素については、そのように評価した審査委員の数を項目ごとに「＊」で示しています。（最大 6 個）

評定要素	項目	審査委員の数
①研究課題の学術的重要性	・学術的に見て、推進すべき重要な研究課題であるか	
	・研究課題の核心をなす学術的「問い」は明確であり、学術的独自性や創造性が認められるか	
	・研究計画の着想に至る経緯や、関連する国内外の研究動向と研究の位置づけは明確であるか	
	・本研究課題の遂行によって、より広い学術、科学技術あるいは社会などへの波及効果が期待できるか	
②研究方法の妥当性	・研究目的を達成するため、研究方法等は具体的かつ適切であるか。また、研究経費は研究計画と整合性がとれたものとなっているか	
	・研究目的を達成するための準備状況は適切であるか	
③研究遂行能力及び研究環境の適切性	・これまでの研究活動等から見て、研究計画に対する十分な遂行能力を有しているか	＊＊
	・研究計画の遂行に必要な研究施設・設備・研究資料等、研究環境は整っているか	

※審査の際「2（やや不十分である）」又は「1（不十分である）」を付した審査委員がいない場合、「＊」は表示されません。

2 以下を付けた人数の数だけ「＊」が並ぶ。最大 6 個。どこが弱かったか一目でわかる。こういう結果も次に生かす。

②総合評価

　こうして、Ⅰ・Ⅱ・Ⅲについて、それぞれ1〜4段階で評点を付けたら、最後に総合評点を付ける。Ⅰ・Ⅱ・Ⅲで付けた評点の平均値で総合評点を決めるわけではない。再び審査委員が「総合的な判断」に基づいて1〜4の評点を付けていく。

　3項目のすべてで点数が良くなくても、研究の多様性に配慮して「学術研究の発展」という観点で重要な研究があれば評価を高く付けることがある。つまり、全体にスキのない研究だけでなく、ちょっと足りないところはあっても、キラリと光る研究やマイナーでも重要そうな研究を高評価にしてもいいよ、ということ。

　とはいえ、3項目の全てが3だった場合の総合評点は3であり、4になることは基本的にない。Ⅰが4、Ⅱが3、Ⅲが4、のように各点数がばらつくと、総合評点が3もしくは4の間で振れる。最終的には「総合的な判断」によって評価が決まる。こうして各申請書の総合評点が1〜4で決まる。

③正規分布への振り分け実務の大変さ

　92ページで、審査委員は申請書を「相対評価の正規分布に落とし込む」と書いた。実際には4点満点の相対評価で、「4」を全体の10％、「3」を20％、「2」を40％、「1」を30％のように人数配分が決まっている。このパーセンテージ（評点分布）はあくまで目安で、実際のパーセンテージは応募件数によって毎年変わる。

　各審査委員は、それぞれの評点が学振から決められたパーセンテージになるようにシステムに入力していくのだが、決められたパーセンテージに合致するまで審査を終わらせることができない。だから人数の関係でやむなく評点を落としたり（上げたり）して無理矢理に調整する。

　やはり何十件も申請書を見るので、印象が薄い課題は高い点数になりにくい。一応、やむを得ず評価を下げた申請書についてはそのことをコメントに書くことになっているが、大量の申請書を見なくてはならない審査委員がきちんとコメントを残すかどうかは人による。

◆審査意見（コメント）の記入

　審査委員は申請書の点数を付けたら、コメントまで書かなければならない。審査委員がコメントを残すのは一次のみ。そのコメントは二次での審査材料のひとつとなる。コメントについて、審査委員向けの説明はこのようになっている。

学振の説明

> 【1 段階目の審査における審査意見の記入】
> 　1 段階目の審査においては、全ての研究課題の「審査意見」欄に、当該研究課題の長所と短所を中心とした審査意見を必ず記入してください。なお、2 段階目の審査では審査意見を付す必要はありません。この審査意見は、2 段階目の審査において新たな総合評点を付す際に、各審査委員が研究課題への理解をより深めるために、他の審査委員に提示します。

　審査委員は真剣にコメントを書く。マニュアルには 200 文字程度と指定があり、書き方も例示されている。システム上は最大 300 文字まで書ける。だいたい次のようなスタイルで書かれる。

①前半：概略説明

　「この申請書の研究内容はこういうものです」と審査委員自身の言葉でまとめる。

②後半：評価コメント

　採択したいと思える、良い申請書にはポジティブなコメントを残す。

例）

> 学術的に素晴らしい
> 波及効果が認められる
> 現在学術的に手薄な○○が本課題で劇的に進めることができる
> この申請者しかできないだろう

　出来の良くないものには、悪い点だけを書くようになる。

例)

学術波及効果がわからない
ここが破綻している
研究計画のここがダメ
学術的な問いが示されていない
類似の研究が多く、何がオリジナルかよくわからない

　ボーダーライン、つまり採択をあげたいけれど少し不安が残るものについては、良い点と懸念材料の両方を書く。

◆二次審査の評価方法

① 2段階書面審査方式
　一次審査と同じ審査委員が審査する。総合評点を付ける。
②総合審査方式
　日本学術振興会に審査委員が集まり、一次審査をもとに議論して審査する（合議審査）。

　世間一般の試験では、一次を落ちたら二次はないという方式が多い。しかし科研費申請に一次落ちはなく、一次＋二次で審査される。一次で付けられたコメントと評価点は、二次に送られ参考にされる。審査委員がそれを見て最終的な総合評点を付ける。
　とはいえ、実際は一次審査で採択レベルの評価を得ていればだいたい通る。逆に一次はひどかったが二次で巻き返したというケースは基本ない。問題は「ボーダーギリギリの線」と「極端に低い評点がある申請」。これらが再審査の主な対象だ。他の審査委員のコメントを参考にしたり、申請書を見直したりして、当落線上の書類や極端に低い点が付けられている書類の総合評点を付け直す。

２段階審査について学振の説明は次のとおり（抜粋）。

〔2段階目の審査における総合評点〕

　1段階目の書面審査の結果に基づき2段階目の審査対象となった各研究課題の採択について、上記 (1) ～ (3) の評定要素に着目しつつ、同じ研究課題の審査をしている全ての審査委員が付した審査意見等も確認し、総合的な判断の上、（中略）4段階評価を行い、総合評点を付してください。

　2段階目の審査対象とする研究課題：
① 1段階目の書面審査の結果における順位が採択予定件数付近にある研究課題
② 一部の審査委員が極端に低い評点を付した研究課題

　なお、「研究費の応募・受入等の状況」「人権の保護及び法令等の遵守への対応」は総合評点には考慮しない。

◆他の委員の意見を参考にする

　総合審査方式の二次は表にもあるとおり合議制だが、2段階書面審査方式の二次でも、他の審査委員の審査を参考にすることができる。同じ申請書を見ている者同士は、審査後に匿名のまま他の審査結果を見ることができる。そうして自分の評点が適正であったかを検証でき、修正することも可能だ。

　申請者は俺の研究世界一！（後述）と盛って書くことが多いが、ウソだったり、実情に即していなかったりするケースもある。審査委員がその分野に詳しくなければ騙されてしまう。他人の審査結果を見て「あ、私騙されていたんだ！」と気づくことがあるし、反対に「みんな騙されているじゃん！」というときもある。

　ただし、他の審査委員の評価を参考にするかどうかは人による。
「他の委員のコメントは見ない。研究者なので自分を信じている」
「基本的には見ない。専門分野がかけ離れているときだけ参考程度に見る」
「書面審査では利用しない。審査委員が対面で集まる合議の前にだけ、他の人のコメントも見ておく」
などという声も聞かれた。

　こうして、再びすべての申請書に対して審査委員は総合評点を1〜4の相対評価で付け直す。そして各委員が出した総合評点の平均値が出て、採択・不採択を学振サイドが決める。何点以上が採択されるかはその年の応募状況や予算によって異なる。

●一次＋二次で審査されるが、一次でほぼ勝敗が決まる
● 4 段階評価の相対評価
●すべての申請書に評点とコメントが付く
●細かく審査するのは一次。二次は全体的な確認

What's 科研費？③

○いくつかの種目が基金化されて、繰り越しができるようになった。落ち着いて研究できる。
○研究分担者や協力者と新しいネットワークを作れる。研究課題を遂行するために、新しい研究者を紹介してもらい、世界が広がる！
○自分の実績になる。やりたいことにチャレンジできる！特に萌芽。失敗してもいいって、凄いこと。

NEXT → P104

2　採点で振り落とされない書き方

人数調整で「振り落とす」際の判断に審査委員は頭を悩ます

審査委員がどのように思考をめぐらし、申請書にランクを付けていくのか、その過程を聞いてみた。

◆評価軸が定まるまで繰り返し評価して修正していく

それぞれ1〜4で点数を入れていく。評価ごとの人数比が決められている相対評価なので、無理矢理でも所定の人数比に振り分けねばならないがそれが難しい。1と4はそんなに最初からなくて、2と3が多くなる。その偏りをなくすために点を上げ下げすると1と4が多くなりすぎる。さらに見直し、1〜4の人数比が適正になるように揃えていく。

数十件の申請書を読むが、最初に読んだものは評価の軸がまだ自分の中で定まっていない。ある委員の場合、30件くらい読んだ頃に定まってくる。軸ができたら最初のほうの申請書に戻り、最初に3を付けていたけど、今の評価軸なら2かな、4かなと評価を修正していく。それを何周かして、スコアがバランスよく分布し、最終的に求められる相対評価の配分に落ち着かせる。

◆「良くも悪くもない申請」をどうさばくか

すごく良くもないし、かといって悪すぎるわけでもない申請書が一番多い。どのように優劣をつけていくのだろうか。

①評価4と評価1を最初に決める

微妙なラインの申請書（4段階のうち2、3の評価のもの）はまとめておいて、あとで評価を振り分ける。まずは評価4のすごく良い申請書を決める。そして評価1の非常に悪い申請書もしっかり決めておく。その

あと2、3に来るものを振り分けにかかる。

　振り分けるときはネガティブ要素を探すようになる。明らかに実現し得ない内容とか、わかりづらい箇所があるなどだ。評価4でもネガティブが一つでもあれば3になる。甲乙つけがたい申請書があれば、ネガティブを探して多いほうが負け。重箱の隅をつつくように行う。

②人数を合わせるために同じ評点のものを比較する

　相対評価なので、評価ごとの人数を適正な数に揃えなければならない。評価4も3も2も、ちょうどいい人数になっていないときは、上位の評価から順に再評価していく。

　例えば、評価4が3人いればいいのに6人いるとする。するとその6人の研究計画や予算の付け方などの甘い部分を指摘して、3人を評価3に下げることになる。評価4に残れた3人については、なぜ推すのかを明確に伝えるようにコメントを書く。

　評価4から3人降りてきて評価3があふれたら、評価4のときと同じ方法で再評価し、「ここは優れているが○○に不安が残る」等コメントを残す。評価2と1に対しても、学術的意義がわかりづらい、説明がないなどとコメントする。

　このように人数合わせの作業ではあら探しをされることになる。研究計画や予算のページが標的になりやすいので、第1章の8で述べたとおり、落ち度がないように丁寧に書いておく。

◆落ちる申請書の特徴

　評点を下げてもいいと思われてしまうのは、魅力のない申請書だということ。どこでそう判断されるのだろうか。

①面白くない

　魅力を感じないのは、面白くないから。面白くないと感じたら、審査する側は研究計画を確認する。計画はきちんと書けているのに面白くないなら、目的がつまらないということになる。

　面白くするためには、研究がもたらす具体的なアウトカムや社会的な利益など、研究のことだけではない展望を入れてみるとよい。審査委員の採点項目には「より広い学術、科学技術あるいは社会などへの波及効果が期待できるか」があるので、そこを審査委員に伝えていこう。

②「分野外に伝える力」が足りていない

　魅力に欠ける申請書になってしまう原因として、伝える力の不足ということも考えられる。

　申請書は、「高校生にわかる」「冒頭で概略がわかる」の２点が大切と、ここまで何度か述べてきた。学振は申請者に「分野外に伝える力」を求めている。内容が論理的であることは当然として、さらに、分野の外の人に自分の研究を一から知ってもらうことに力を注ぐと、申請書の採択率が高まってくる。

③中身がない

　目的、意義、独創性とそれぞれ異なる設問に対して、同じことをブレイクダウンして繰り返している申請書への評価は低い。繰り返すことで重要性が強調されるからよしとする審査委員も多少はいるようだが、あまり想定しないほうがよい。無駄な繰り返しを毛嫌いする審査委員はわりといる。

④起承転結で説明できていない

　研究目的の本文が、背景→問題提起→研究目的はこれ→こういう手順で解決　のように起承転結で成り立ち、秩序立っていると評価につながる。上記の、矢印の部分に乖離があると、審査側は納得できない。１ページ目で起承転結が示せていないと評価は厳しい（詳細は次項）。

⑤設問に答えていない

　学術的背景、問い、目的、独自性、創造性など、設問が示されて明記しろと小文字で書かれている。にもかかわらず、それを書いていない申請書が多い。設問に沿って審査基準が設けられているので、書かれてい

ないと評価できない（詳細は1章の3）。

⑥計画に無理がある

　1回ポッキリの観測で何かやろうとする申請書はチェックに引っかかる。野外観測などの予定が1回しか組まれていない、それがダメになったらどうするのだろうかと懸念を抱く。ダメになったときの「プランB」が用意されていないのは不採択パターン。「不測の事態で観測等が流れたら、こういう方法も用意しています」というプランBが書かれているかどうか、審査委員は見る。

プランBの例

> ＜研究が計画通り進まないときの対応＞
> 　48時間の培養は細菌と鞭毛虫の増殖を調べるには十分だが、大型の繊毛虫の増殖を調べるには短い可能性があり、<u>状況に応じて培養時間を延ばす（例えば72時間）</u>ことを考えている。また、<u>粘液海水とサイズ分画した海水の混合比</u>は5：1を考えているが、サンゴが多く入手できない場合には粘液海水を多量に作ることが難しいため、混合比を1：1に近づけるなど<u>適宜調整をする</u>。

　「これをやるにあたってどのくらい準備できているんですか？」と言いたくなる申請書は実際に多い。基盤Bは3年くらいで計画する人が多いが、事前の準備状況が示されていなくて、「この科研費で初めてやります」と言われても、「これを本当に3年でできるんだろうか」と疑問がわく。

　そこは専門外の審査委員でもじっくり見る。ちゃんと見通せているようなら点を付けるし、どう見ても出たとこ勝負のようなら付けない。

⑦「学術的問い」「目的」のいずれかがぼやけている

　背景はほとんどの方がきちんと書くが、「核心をなす学術的問い」が抜けているケースが多い。「これがわかっていない。だからこれをやる」ということを書かねばならない。

　目的がはっきりしないものも評価されない。文章として「○○を目的

とする」ときちんと書く。独自のパラグラフを作る必要はない。申請書の注意書きのとおりに書けばよい。

　以上7つのうち、④の「起承転結で説明してほしい」は、審査委員が口を揃えて言う。たくさんの書類を、特急・老眼でさばいている中、どこにたどり着くかわからない文章は困ると言うのだ。

　このあと、起承転結をうまく見せている研究概要を見ながら、バリエーションやポイントをつかんでいこう。

●良いものと悪いものはすぐ決まる
●評価を決めかねるときはネガティブ要素を見つけ出す
●プランBも書いたか？
●魅力に欠ける申請書にはちゃんと理由がある

What's 科研費？④

○元をたどれば国民の税金。
　だからこそ、自分の研究内容を面白く伝える力、社会に還元する力が必要。
　申請書をわかりやすく書くことは、そのレッスン。

○外部資金を獲っていることは、人事評価でも就職でも評価される。
　「新しい提案ができる人」と思われる。

NEXT → P143

> **4 段構成に慣れてきたら、進化型の「起結承展」も使ってみよう**

　採択される申請者はみな、「概要」の記述に工夫を凝らす。起承転結や、第 1 章でふれた起結承展が使われている実際の申請書を見ていこう。

広く知られる社会問題からアプローチする

起　本邦は世界 6 位の排他的経済水域を有する。そこには膨大な海底資源が存在するとされており、「海底資源大国」となることが期待されている。しか**承**し深海底という特殊な環境から、開発にあたって必須となる環境影響評価の方法論が (国際的にも) いまだ確立されておらず、開発計画が進まない一因となっている。本研究では、評価の重要な要素である「対象範囲」を限定する**転**ために「深海の海流」を調べることを提案し、その手法確立を目指す。具体的には、人工的に高濃度の化学種を深層水に散布しその拡がりを追跡する「トレーサー法」で、開発による汚染拡散の範囲を評価する。本研究は、影響**結**評価の事業化を念頭に置き、労力・コスト・技術力を既存の海洋調査の範囲内におさめて立案されており、ただちに普及可能である。

　「起」では自分の研究にまだ引き寄せず、世間一般の関心事を提示している。「EEZ ？何の話が始まるんだ？」「領海侵されっぱなしだよね」などと興味や期待感がわく。「承」で問題点を提起し、「転」で研究内容を説明。「起」で示した研究の目指す大きな利益や社会貢献を「結」で力強く約束している。内容をつい詰め込みがちな人に参考になる書き出し。

起	承	転	結
海底資源、国民の期待	問題点	問題解決方法を考えた	ただちに実現できる

自分のアドバンテージをうまく織り込む

 起

 承

転

結

太陽光の届かない深海では生物は光合成ができず、上層から沈降してくる有機物を唯一の栄養源とする。栄養環境の把握は生態系の理解に直結するため、沈降有機物の同定と定量は海洋科学において解決すべき重要課題のひとつである。近年、海底に降り注ぐ有機物の大半がセルロースによって占められていることが示唆された。しかし「セルロースを溶解できない」という技術的障壁がその裏付けを阻んでいる。そこで本研究では、応募者が木質科学分野で築き上げたセルロース溶解に関する最先端の知見・技術を活用し、国立研究開発法人海洋研究開発機構（以下、JAMSTEC）が保持する豊富な深海底試料からセルロースを溶解抽出することで、海洋科学分野でまったくの未解明である海底におけるセルロースの存在量把握を目指す。本研究の最終成果物であるセルロース分布図は、謎の多い深海生態系の一端を明らかにするとともに、水産業で需要が高い深海生物の養殖実現に有用な知見を与える。

　本例は、申請者の２つのアドバンテージをうまく織り込んでアピールしている。

①申請者自身がこの分野で積み上げた知見・技術

②申請者の所属研究機関がもつ豊富な試料

　１文目２文目では研究の経緯をなめらかに説明し、３文目のみを①②のアピールに割いている。アピールポイントが明確で簡潔なため、すっきり伝わる。

　「この申請のどこに肩入れすればいいの？」と読み手を悩ませてしまう申請はよくない。本例のように、概要で単刀直入に売り込んでしまうほうが、審査側に無駄な時間を使わせない。

起	承	転	結
重要課題提示	障壁の提示	障壁をクリアする①②を申請者は持っている	ゴール（セルロース分布図を完成させる）

スリムタイプな概要①

　従来、深海底では光合成由来の沈降有機物が唯一のエネルギー源であると思われてきたが、通常の深海底でも独立栄養細菌による化学合成が行われている可能性が示唆されている。申請者がこれまで培ってきた現場同位体トレーサー実験の手法を活用することで、深海底における一次生産の活性を現場で直接測定し、同時に得る生物量、代謝データなどと合わせて逆解析モデルにかけることで生態系内での炭素循環を定量化し、深海生態系の真の構造と深海の堆積物—水境界における物質循環に新たな知見を提供する。

　概要は、指定された行数目安ギリギリまで書くのはもちろんあり。しかし、詰め込みすぎて複雑な構文になったり、難解な専門用語が入ってしまうようだと逆効果だ。本例のように、ギリギリまでシンプルにしてみるのも一つの手だ。

起	承	転	結
深海底のエネルギー源の謎	いい方法を思いついた	こんなふうにやってみる	新たな知見を約束

スリムタイプな概要②

起

全海洋の6割を占める海域では窒素栄養が不足しているため，窒素固定による新窒素供給は，生物生産を支配する極めて重要なファクターとなっている。しかし，窒素固定活性の分布はいまだ解明されていない。これは，既往指標では検出に時間を要するため観測数が限られてしまうことに起因する。

承

転

そこで本研究は，航走連続観測が可能な溶存H2濃度を活性検出指標に用いることを提案する。新指標の確立は，窒素固定観測を"点"から"線"へと発展させ，従来不可能であった窒素固定活性分布の迅速な検出と詳細な描写を可能にする。

結

　これもきれいな起承転結。短くて読みやすいことこの上なしである。短くまとめることで、「高校生に読める」の実現も容易になると実感できる。短いことで、「可能」「新指標の確立」「発展」「迅速な検出」などのポジティブなキーワードがより迫ってくる。

起	承	転	結
海の栄養（窒素）が足りない	未解明とその理由	ナイス提案アリ	新指標確立 窒素分布を早く・詳しく把握できる

起承転結型＋プラスアルファ

起　　**液胞が有孔虫の貧酸素適応に果たす役割：立体構造解析と同位体ラベル実験**

承　　単細胞真核生物である有孔虫は、液胞と呼ばれる「溶液、代謝物をため込む」細胞小器官を数多く持つ。しかし、有孔虫細胞内の液胞のサイズ、形、数、配置は非常に多様で、その形成メカニズムと役割については謎が多い。液胞

転　　の役割の一つとされている、貧酸素環境下での硝酸塩呼吸に用いる硝酸塩取り込みと貯蔵に着目し、酸素濃度の変化により液胞のサイズ、配置がどう変化し、それが硝酸塩取り込み／消費速度とどう関係しているかを、マイクロX線 CT による細胞質立体解析と同位体ラベル実験による代謝解析の組み合わせで解明し、有孔虫の液胞形成と内部液を用いた代謝との関係性を世界に

結　　先駆けて明らかにする。

申請者独自の工夫として、研究課題名を先頭に再提示している。課題名は起承転結の「起＋結」となっている。つまり、起＋結＋起承転結という構成になっていて、大事な部分を 2 回ずつ確認できる。ここにタイトルがあると、研究内容を確認できて読み手は助かるということが、実際に読んでみてわかる。

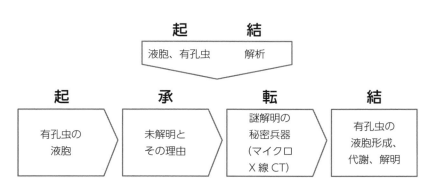

異彩を放ち印象をとどめる

起　『干し草の山から針を探す』という西洋の慣用句がある。困難な事業の例えだ。とはいえ、干し草に火を放てば針だけが残るだろうし、強力な磁石を用

承　意すれば針だけを吸い付けられるだろう。つまり、干し草と針それぞれの性質を十分に把握すれば、針を発見するという目的は困難なく達成できるのだ。

転　地殻内環境の炭化水素研究にあてはめると『干し草 (熱分解起源) から針 (有機合成反応起源) を探しだすためには両者の性質 (同位体システマチクス) を十分に把握するのが有効だ』ということになる。本研究では干し草の性質

結　を解明する。

　異色の書き出し。下手な解説は野暮になる、とにかく読んでいただきたい。

起	承	転	結
干し草の山から針は掘り出せる	まずは干し草と針を知ることだ	干し草はこれ、針はこれである	研究の解明対象は干し草である

◆**起・結・承・展で書いてみる**

　こんな手もある。起の次にゴール（結）を書いてしまう。続けて承を置いて必要な説明もする。そうして、テンは「展」として、期待できる展開や波及効果を書く。図にするとこのようになる。

起	結	承	展
何の話か	ゴールを書いてしまう	立脚点 (強み)、実施内容補足	波及効果

起と結を面白く書いて承・展まで読み手を導く

起 サンゴ礁の極めて高い生物生産に関してはこれまで数多くの優れた研究があるのに対して、生産された有機物がどのように流通して、その高い生物多様性に貢献しているのかについては、これから研究が始まろうとしている段階である。**本課題では、サンゴ礁で生産される主要な有機物の1つである「サ**

結 **ンゴ粘液」が食物網の流通に果たす役割について解明する。**サンゴ粘液とはサンゴが体外に出す分泌物の総称で、微生物や動物の良い栄養源になってい

承 る可能性がある。そこでサンゴ粘液がどのように微生物の成長を促進し食物網を流れていくかを調べるため、サンゴ粘液を加えた海水を培養し、細菌・細菌を食べる鞭毛虫・鞭毛虫を食べる繊毛虫の増殖速度を調べる。そしてサンゴ粘液にスタートする微生物食物連鎖（細菌→鞭毛虫→繊毛虫）の物質の流れを定量化する。**本課題によって、サンゴ礁の食物網におけるサンゴ粘液**

展 **の重要性が定量的に解明され、多様で生産性の高いサンゴ礁の全貌を解明するための一助になる。**

　最初の「起・結」はコンパクトにまとめているが、必要事項は伝えている。浮いた行数を「承」に回し、これまでの経過、方法・計画などを説明している。そうして最後の「展」では、その字のとおり、期待できる展開を示している。このように「起・結」を先に書いてしまう構成なら、申請者が何をやりたいのかを審査委員は即座に知ることができ、最後まで注意深く読み進めるストレスから解放される。

　ただし、最初の「起・結」が面白くないとその後の「承・展」まできちんと読んでくれない可能性があるので注意。

起	結	承	展
サンゴ礁が作る有機物の謎	その謎を解明する	補足（研究計画）	サンゴ礁の全貌が明らかに！

起と結を先に書きのびのびと「展」に行く

　大規模シミュレーション研究が飛躍的に進歩している現在、データ中に内在する特徴を効率よく抽出し、効果的に表現するための可視化手法が求められている。そこで本研究課題では、多次元伝達関数や多変量解析手法を応用した海洋大循環モデルの新しいデータ可視化手法の研究開発を行う。特に、海流や渦等による熱輸送（風成循環）や高塩分モード水の循環（熱塩循環）等、これまで可視化するのが困難であった複数の物理量から決定される海洋現象や構造の効果的な可視化表現を行い、複雑な現象の直感的な理解や新たな発見のための可視化手法の確立を目指す。

起	結	承	展
求められている可視化手法	その研究開発を行う	研究開発の説明補足	手法の確立によってもたらされる成果や問題解決

　この例では、「今現在○○の手法は注目を集めていますよね？」と周知の事実の話からスタートし（起）、「だからその手法を○○の分野に使います」と研究内容を一言で伝えている（結）。さらに研究内容を具体的に述べて補足し（承）、展望で締めくくっている（展）。先に何をやるかが一言述べられているため、その後のより詳細な内容もスッと読んでいくことができる。

　起結承展で組み立てる最大のポイントは、「展」で何を伝えるかである。そして、展を効果的に伝えるには、必ずしも順序や4段構成にこだわることはない。そのような例も見つけることができたので次ページに紹介する。

結・承・展も一つのパターン

結 本研究の目的は、化学合成生態系の存在する特殊な深海メタン冷湧水域環境から特異的に多量出現する原始的真菌群（Cryptomycota, Basal Clone Group1 (BCG1)）の形態的・生態的・代謝的・遺伝的特徴を総合的に明らかにし、謎に包まれたその実態を解明する事である。**承** 近年、深海環境から新規性・多様性に富んだ真菌類の報告が相次いでおり、中でも Cryptomycota, BCG1 はこれまでの研究から、従来の菌類の概念から外れる新門である事、菌類進化上、最初期に分岐した系統群である可能性が示唆されている。**展** 本研究により真菌類の初期進化の解明、特殊な新奇真菌群の発見、新規生理／生体機能や代謝系の発見、さらには新たな創薬資源の探索を進める事ができる。

結 本研究の目的は、深海・地殻環境中に出現する未培養真菌群の形態的・生態的・代謝的・遺伝的特徴を明らかにし、「嫌気／低酸素」「高圧」といった極限環境に生息する真菌類の謎に包まれた実態とその生態学的意義を解明する事である。**承** 本研究では、深海・地殻環境中から高頻度検出される未培養真菌群 Deep-Sea Fungi-Group1 (DSF1) に特に注目し、その詳細な地理学的分布や生菌量の調査、FISH、培養分離による形態観察、EST・ゲノム解析による代謝系の解明を行う。**展** 本研究は、深海・地殻環境中における真菌類の役割解明、「嫌気性」「好圧性」といったこれまでに報告されていない新奇真菌類の発見、新規生理機能や代謝系の発見に繋がる重要な研究である。

結	承	展
本研究の目的は〇〇の解明である	補足	さらに〇〇の解明／発見／探索

　2例とも1文目は「本研究の目的は〜解明する事である」とすべてを言い切っており、起承転結の結である。2文目は、結を補足説明しているので承である。そしてラストの文で、本研究の目指す大きなところ（展）を述べている。結論と、必要な説明さえ先にすませれば、展開や発展や展望をドーンと書くことができる。

4　俺の研究世界一！

読む側はどう感じるかを知っておこう

◆どこまでポジティブに押すべきか

　申請書には勢いが必要で、世界一くらいにポジティブに書くことが時に有効である。分野によってはぐいぐいアピールした書類のほうが通る。審査委員に数分しか読んでもらえないとなると、ガンガンにアピールしなければと思う気持ちも少しわかる。

・本研究は、既存の○○研究に比べて圧倒的に優れている。
・本課題で提案する新手法は、他の○○では成し得ない唯一無二で最良の手法である。
・○○の研究は、研究代表者が第一人者であり、他の追随を許していない。
・この実験研究は、自分のところでしか実施できない。
・ここまで精度高い分析は、世界でもここだけ。
・本研究でのみ、○○を正確に定量化することが可能である。

　ウソにならない程度に自信満々に書いてほしいが、このような「俺の研究世界一！」の書き方にも注意が必要。審査委員経験者からいろんな意見を聞くことができた。

①自慢のトーンを出さない

　研究をポジティブに語ること自体はよいことだが、自慢のトーンが入ると人によっては反感を覚える。注意したいのは、苦労話も自慢のうちということ。私はこんなに苦労しているんですと発信する人は少なくないが、当然その先は「こんな苦労してる自分すごい」である。自慢のトーンは出さないことが賢明だ。わざわざ反感を買いに行くことはない。

②他の人の研究をけなさない

　研究は裸一貫で立ち上げるものではない。先行研究があり文献も残り、今進行している類似研究もあり……という、大きな枠組みの中でやっていること。だから、「この研究はここもあそこもダメだから、俺に任せろ！」という訴え方は厳禁だ。言葉がここまででなくても、人を引き合いに出す時点でよくない。

　「他の研究もこうやってくれていて、あとは（自分がやろうとしている）ここなんす！」という訴えであれば、威勢がよくても独善的ではない。

　自分すごいと言いたいがために他の人をけなす。若気の至りならまだしも、ベテランにもそういう書き方をやめられない人もいるようだ。申請の結果も言わずもがななので、気をつけたいところである。

③元気よりも秩序が大切

　威勢のいい申請書はきらいではないが、内容が秩序立っている必要はある。専門外の審査委員を「すごい」とうならせるのは、カラ元気よりも新しい知見。地味だけれど読んで勉強になったと思える申請書は、後味が良いので良い点数を付ける。そういう研究があとあと芽吹き、雑誌などで見かけたりすると納得する。

◆教育的な申請書

　③で出てきた「勉強になったと思える申請書」。③は審査委員側の意見だが、書き手としていつもそれを心がけているという人の話も聞けた。

　「新しくてすごい！」という主張が強いと逆にウケが良くない印象をもっているという。その研究分野に明るくない審査委員が申請書を読むことで、「勉強になった！ためになった！」と思ってくれる。そういう「教育的な申請書」がうまく書けたときは審査にも通っている。俺の研究すごいよっていう状態だと不思議と通らない。審査委員が読んで、ためになったかどうかがポイントだと言っていた。

　その実例（萌芽）を第3章の4で取り上げる。

5 シーズンオフの過ごし方

研究脳の鍛錬を欠かさずシーズン開幕に備えよう

◆受かる人は常に申請書を書いている

　科研費のシーズンオフは大事だ。いつも研究のネタは温めて科研費申請に備えている人もいる。研究費の獲得経験が豊富で、科研費審査委員も務めている人だ。

・季節に関係なく普段から申請書を時々書いている。
・図も試し書きを描いてはため込んでおいて、そこからアイデアを絞り出す。
・時期が来たら一番良いのを取り出して、申請書としてまとめる。
・申請のある年は、春先から書き始めている

　つまり、半年〜1年前から準備している。と言うより、四六時中備えている。それは科研費のためだけではないという。ときどき、大きな研究費のお知らせがある。「え、こんなんあったん？」となるが、出してみようにも、ニュースで知ってから準備では遅い。だから普段から研究費申請用の文章と図を用意しているという。メモ書き＋αを日常習慣としてこなしている。

　逆に、申請をしなければいけないのに、思うように筆が進まないような状況を抱えている方も多いだろう。そんな状態で仕上げた申請書はそもそも通らない。科研費シーズンになってから「どんなネタで書こう」とか「研究分担者入れたほうがいいかな」などと考えている時点で遅い。科研費シーズンの前から、「この研究は面白い！」と思って、すでにリサーチを始めたネタや予備実験を進めたネタを、科研費の枠組みの中に落とし込むのが理想だ。

◆備えるタイプでも間に合わなかったケース

　同じく備えるタイプの人のエピソードを紹介する。備えていたのに間に合わなかったという。

　科研費ネタは、ぼんやりではあるが常に考えているタイプ。でも書き始めるのは締め切り２カ月前からだった。最近基盤Ｓが採択になったが、実はその前年に特別推進研究に出そうと準備していた。頑張って申請書を書いていたけど２カ月かかっても書き切れなくて諦めた。ヘロヘロになっても書き終えられなかったという。

　その諦めた申請書を翌年書き直して基盤Ｓに出して今回がある。だから、実質は１年前から準備していたことになる。大きな予算の申請準備は、２カ月以上は優にかかる。ちなみに特別推進研究の申請書は白紙フォームで30枚強、基盤Ｓ・Ａも18枚である。

◆申請書は書けば書くほど賢くなる

　研究費を獲る。論文を書く。どちらも研究者として必須作業。申請書を書くのは、論文を書くのと同じ次元で、同じ熱量を注いでほしい。申請書を書くと自分の考えがまとまるし、発展する方向性も整理できる。書くことで研究の方向性が定まってくる。どんな分野だろうと、申請書を書けば賢くなるのだ。そしてなにより、シーズンオフには論文を書いて、しっかり業績を増やしていこう。

「俺の研究世界一！」「シーズンオフの過ごし方」まとめ
- ●自信はいいが、自慢はダメ
- ●他の研究はけなさず、協調姿勢で
- ●相手をうならせるのは、威勢ではなく新しい知見
- ●申請の準備を日々の習慣に
- ●大きな研究ほど書く時間を要する
- ●シーズンオフは論文を書く

ある審査委員のホンネ

委員は畑違いの申請書を読まないといけない。水産学の研究者が、工業系の新技術の申請書を見るなど普通にある。知らない分野の研究を読むのだから、

○専門用語、当然無理
○注釈、あって当然
○画期的・革新的と書かれてても「真偽不明」

さらに追い打ちをかける、老眼に優しくない書面
○たくさん書こうとして行間ギチギチ
○字が指定を下回る小ささ
第一印象で「見るのイヤ」となる。

そういう申請に評定 4 以上は付けない（オール 3）＊

＊ 5 段階評価だったときの話（現在は 4 段階評価）

乱暴な採点と思いますか？
研究はチームワーク。
「こんな思いやりのない書き方する人、チームプレイはきっとできない」
読み手はそう推測する。

かつては年末年始に審査していた・・・

年末年始はプライベートも忙しい。現在は審査が前倒しになり、11月に届いて年内に返す。正月はつぶれないけどそれはそれで過酷。内容が怪しいと思っても論文にあたる時間なし。1本あたりの審査時間は最短5分・Max30分。

そんな委員が最低限見るところ

- ☑ 論文を書いている人か？
- ☑ 文の辻褄　　☑ 説明不足　　☑ 起承転結
- ☑ 研究目的から結論までの道筋
- ☑ 背景・目的に論理的な破綻がないか
- ☑ 目指す成果品（ゴール）は何か？
- ☑ ゴールまでのストーリーが現実的か？

> そもそも業績欄に論文がほとんどなかったら、いい点付けなくてもしょうがないよねと思う。実績がない人の申請書はじっくり読もうとは思わない。普段から論文を出すことは超大事。

審査のモチベーション

> 正直、自分たちの研究分野にお金がついて、もっともっと盛り上がってほしい！　海洋学はドンピシャな区分がないので、よけいにそう思っている。自分たちの研究を盛り上げたいから、審査をするときも足をひっぱらないようにしたいって気持ちが強い。

第3章
申請書ケーススタディ
読み手ファーストで隅々まで配慮して仕上げていく

1 申請書を読み解き自分の記述に生かす

人のものを読むことで表現のストックを増やす

◆申請書に込めるべき熱量や力加減をつかむ

　ここまでは、申請書のルックスを中心に解説してきた。とっつきやすい表現、見やすい書面、きれいな図など。実際のところ、書面審査におけるこれらのウエイトが大きいからだ。

　しかしルックスだけでは申請できない。本章では中身を見ていく。

> ・実際のところ、何を、どのように（どの程度）訴えたらいいのか？
> ・どんな情報や表現なら、審査側の関心を引き出せるのか？
> ・会って話すときのように、相手の理解を確認しながら記述していくにはどうしたらいいのか？

などを考えながら進めていこう。

◆不採択にも学ぼう

　これまで随所に示してきた図表などの見本は、実は成功例ばかり。採択された申請書のいいところばかり集めて紹介したものだ。本章では、不採択の申請書もピックアップして読んでいく。

　まず、不採択申請書を大胆に改稿して翌年の採択をゲットした同僚のケース。もう一つは、私自身の若手研究の、落ちたものと通ったもののライティング力の比較である。

　申請書フォームは、研究種目による差異はほとんどない。基盤であろうと若手であろうと、審査側の要求はざっくり見ればほぼ同じ。「研究目的」は概要と背景と経緯、何をどこまで明らかにするのかと独創性。「研

究方法」では年度ごとの計画や、研究環境、実施体制。そのほかには業績、研究予算などだ。いろいろな申請書のそれらの項目を見ることで、表現やテクニックのストックが増える。

　もしかしたら、読者の専門から遠い分野の例文が多いかもしれない。それならかえってちょうどいい。分野外のものを読む審査委員の立場になって読むことができる。

◆科研費申請履歴

　このあと、私自身の過去の申請書もいくつか掲載するにあたり、「自分の研究費履歴」を整理しておく。学振関係のみ掲載する。研究種目名は申請当時のもの。

若手研究（スタートアップ）	2009 年不採択	
若手研究 B	2010 年不採択	★
若手研究 B	2011 年不採択	
若手研究 B	採択（2012 年度〜 2013 年度）	
若手研究 B	採択（2014 年度〜 2016 年度）	★
海外特別研究員　科研費ではない	採択（2016 年 2 月〜 2018 年 2 月）	★
研究活動スタート支援	採択（2018 年度〜 2019 年 3 月）	★
基盤研究 B	採択（2019 年度〜 2023 年度）	★

　私は学位取得が 2009 年だが、2018 年に研究活動スタート支援に採択されている。変に思うかもしれないが、日本の研究機関をやめて 2016 年から 2018 年にかけては海外にいたため、科研費応募資格を一回喪失したからだ。帰国してからまた「研究活動スタート支援」に応募できるようになったという、ちょっと特殊なケースをたどっている。

　自分の申請書としては、★のついているものを本書で取り上げている。私が採択を経験していない挑戦的萌芽・基盤 C については、同僚の協力を得て 2 件を掲載・解説する。

2 研究活動スタート支援：記述の具体性

> 背景や問いや、具体的に何をするかまで、だれが読んでも読み取れる申請書

研究課題名	サンゴ礁におけるマイクロプラスチック汚染の実態をグローバルに理解する

1　研究目的、研究方法など

本研究計画調書は「平成 30 年度研究活動スタート支援　審査区分表（２０頁）」に…ては、「科学研究費助成事業における審査及び評価に関する規程」（公募要領５５頁参照）を参考にしてください。

▶▶カバー内側にカラーを掲載

本欄には、本研究の目的や方法などについて、２頁以内で記述してください。

冒頭にその概要を簡潔にまとめて記述し、本文には、(1) 本研究の学術的背景、研究課題の核心をなす学術的「問い」、(2) 本研究の目的および学術的独自性と創造性、(3) 本研究で何をどのように、どこまで明らかにしようとするのか、について具体的かつ明確に記述してください。

(概要)

　毎年 1200 万トンを超えるプラスチックごみが海洋に蓄積を続け、多くは劣化して**マイクロプラスチック**と呼ばれる小さな破片になり、魚やサンゴなど様々な動物に誤食され、食物連鎖に取り込まれ問題になっている。本研究では、**サンゴ礁生態系におけるプラスチック汚染の実態を世界規模で明らかにする**ため、世界中のサンゴ礁における**マイクロプラスチック量とプラスチック由来の化学物質量**を調べ、**汚染レベルのマッピング**を行う。具体的には、米国のスクリプス海洋研究所と協力し、世界 10 カ国地域のサンゴ礁から環境中（堆積物＆水柱）とサンゴ体中に潜むマイクロプラスチックを拾い出し、その量と種類を明らかにする。また、サンゴ体中に溶け込んだプラスチック由来の化学物質として、プラスチックの製造に広く使われている有毒なフタル酸系の添加剤を検出する。得られた結果を世界地図に落とし込み、**サンゴ礁におけるグローバルな海洋プラスチック汚染の状況を世界で初めて解明する**。

(本文)

―研究目的―

(1) 学術的背景と学術的「問い」（**図1&図2**）

　毎年 1200 万トンを超えるプラスチックごみ（プラごみ）が海洋に蓄積を続け、2050 年にはプラごみの重さが魚を超えると予想されている[1-2]。海洋プラごみの多くは劣化して**マイクロプラスチック（MP）**と呼ばれる小さな破片になり、添加剤を放出する一方、PCB といった残留性有機汚染物質をスポンジのように吸着する（**図1**）。これが動物プランクトンや魚、サンゴなど様々な動物に誤食され、食物連鎖に取り込まれ問題となっている。MP の分布や量、生態系に与えるインパクトはまさに研究が始まったばかりである。**サンゴ礁**は極めて高い生物多様性と生産性を有する貴重な海洋生態系であり、様々な人為的ストレスの影響を受けて存亡の危機にあるといっても過言ではない。サンゴ礁では温暖化や酸性化といったストレスについて数多くの研究があるが、**海洋プラごみの影響は未解明であり、サンゴ礁における MP 汚染の現状を理解する必要がある**（**図2**）。

(2) 目的および独自性・創造性（**図2**）

　海洋プラごみがサンゴ礁生態系に与えるインパクトの研究自体が新しい分野である。人為的ストレスとしてマイクロプラスチックに着目し、サンゴ礁における汚染状況をグローバルにマッピングすることは国際的に事例がない。本研究では、米国スクリプス海洋研究所のサンゴ礁研究チームと協力し、**サンゴ礁におけるグローバルなマイクロプラスチック汚染の実態の解明を目指す**。

図1. これまで約 83 億トンのプラスチックが製造され、63 億トンが廃棄物となり、うち 79％は埋め立てられたか環境中に廃棄された！毎年 1200 万トンを超えるプラごみが海洋に蓄積を続ける。一部はマイクロプラスチックとなり食物連鎖に取り込まれる。

図2 様々な人為的ストレスがサンゴ礁生態系に与えるインパクトについて数多くの優れた研究があるが、プラごみの影響については未解明である。本研究は世界のサンゴ礁におけるマイクロプラスチック汚染の実態を定量的に明らかにする。

◆「最初の 3 行」のわかりやすさが流れを決める

申請書の最初のページである。左の縮小図でだいたいの位置や見出しの流れを確認しながら、本文を読んでいこう。

1. 研究目的・研究方法など

（概要）　　　　　　　　　　　❶〜❺は本書解説用に新たに付した

> ❶毎年 1200 万トンを超えるプラスチックごみが海洋に蓄積を続け，多くは劣化して**マイクロプラスチック**と呼ばれる小さな破片になり，魚やサンゴなど様々な動物に<u>誤食</u>され，食物連鎖に取り込まれ問題になっている．❷本研究では，<u>**サンゴ礁生態系におけるプラスチック汚染の実態を世界規模で明らかにする**</u>ため，世界中のサンゴ礁における**マイクロプラスチック量とプラスチック由来の化学物質量を調べ，<u>汚染レベルのマッピング</u>**を行う．❸具体的には，米国のスクリプス海洋研究所と協力し，世界 10 カ国地域のサンゴ礁から環境中（堆積物 & 水柱）とサンゴ体中に潜むマイクロプラスチックを拾い出し，その量と種類を明らかにする．❹また，サンゴ体中に溶け込んだプラスチック由来の化学物質として，プラスチックの製に広く使われている有毒なフタル酸系の添加剤を検出する．❺得られた結果を世界地図に落とし込み，**サンゴ礁におけるグローバルな海洋プラスチック汚染の状況を世界で初めて解明**する．

この「概要」は、本文を完成させてから最後に書く（P43 参照）ものだが、解説は掲載順序に沿って行う。❶❷❸❹❺の 5 文からなる。

❶　導入

P43 で解説したとおり大切な、最初の 3 行がそのまま導入となっている。必要なことを読みやすく伝えている。難しい語はなく、高校生はもちろん中学生にも読めると思う。1200 万トンという途方もない数字で驚かせ、文末で食物連鎖にフォーカスする。

❷ この研究で何をするか先に述べる：前半

サンゴ礁のプラスチック汚染を世界規模で明らかにするというグローバルな話。

❸ ❷の補足

サンゴ体内のプラスチックの測定とその具体的な方法を述べる。世界10カ国と具体的な数を言い切り、「本当に世界規模だな」と納得させる。米国研究所との連携を示し信頼させる。

❹ この研究で何をするか述べる：後半

サンゴ体内の有毒物を検出すると宣言する。有毒物は、❶で出てきた「食物連鎖」との関連が強いので読み手は当事者感覚で受け止める。

❺ この研究の新規性を訴えてしめくくる

「世界で初めて解明する」

以上、概要は申請書面上でちょうど10行にまとめられている。❶〜❺の行数バランスもほぼ均等である。

次に、その下の **(本文)**─**研究目的**─の文を読む。

◆下線部をつないで浮かび上がるものは……

下線は申請書に元々引かれていたものだが、解説用にa〜gのアルファベットを付けた。(1) 学術的背景と学術的「問い」、(2) 目的および独自性・創造性の2項目を、下線を意識しながら続けて読む。

(1) 学術的背景と学術的「問い」（図1＆図2）

<u>ᵃ**毎年1200万トン**</u>を超えるプラスチックごみ（プラごみ）が海洋に蓄積を続け，2050年にはプラごみの重さが魚を超えると予想されている[1-2]．海洋プラごみの多くは劣化して ᵇ**マイクロプラスチック（MP）** と呼ばれる小さな破片になり，添加剤を放出する一方，PCBといった残留性有機汚染物質をスポンジのように吸着する（**図1**）．これが動物プランクトンや魚，<u>ᶜサンゴなど様々な動物に誤食され，食物連鎖に取り込まれ問題</u>となっている．MPの分布や量，生態系に与えるインパ

クトはまさに研究が始まったばかりである. ^d**サンゴ礁**は極めて高い生物多様性と生産性を有する貴重な海洋生態系であるが, 様々な人為的ストレスの影響を受けて存亡の危機にあるといっても過言ではない. サンゴ礁では温暖化や酸性化といったストレスについて数多くの研究があるが, ^e**海洋プラごみの影響は未解明**であり, サンゴ礁における**MP 汚染の現状を理解する**必要がある（図 2）.

（2）目的および独自性・創造性（図 2）

^f海洋プラごみがサンゴ礁生態系に与えるインパクトの研究自体が新しい分野である. 人為的ストレスとしてマイクロプラスチックに着目し, ^gサンゴ礁における汚染状況をグローバルにマッピングすることは国際的に事例がない. 本研究では, 米国スクリプス海洋研究所のサンゴ礁研究チームと協力し, **サンゴ礁におけるグローバルなマイクロプラスチック汚染の実態の解明を目指す**.

下線部だけつないで読んでみる。

a 発端（現状の問題：プラごみ）

↓

b 主役登場（マイクロプラスチック）

↓

c 事件発生（誤食）

↓

d 利害関係者登場（サンゴ）

↓

e ポイント 1（未解明）
f ポイント 2（新規性）
g ポイント 3（前人未踏）

↓

（ほぼ）研究課題名
サンゴ礁におけるグローバルなマイクロプラスチック汚染の実態の解明を目指す

このように話を流れるように書くことで、概要だけで、何が問題（問い）なのか、申請者が何を目指していて、何をするのかを審査委員にわかってもらえるようになる。

◆本文と図表の位置関係を揃えていく

1枚目は、読みやすく収めることも大切なので、今度は見た目をチェックしよう。図は、今まで読んできた1枚目の下半分である。

左半分の本文と、右半分の図1・図2は完全に対応し、一番下も水平に揃っている。

(本文)
―研究目的―
(1) 学術的背景と学術的「問い」（**図1&図2**）
　毎年1200万トンを超えるプラスチックごみ（プラごみ）が海洋に蓄積を続け、2050年にはプラごみの重さが魚を超えると予想されている[1,2]。海洋プラごみの多くは劣化して**マイクロプラスチック（MP）**と呼ばれる小さな破片になり、添加剤を放出する一方、PCBといった残留性有機汚染物質をスポンジのように吸着する（**図1**）。これが動物プランクトンや魚、サンゴなど様々な動物に誤食食され、食物連鎖に取り込まれ問題となっている。MPの分布や量、生態系に与えるインパクトはまさに研究が始まったばかりである。サンゴ礁は極めて高い生物多様性と生産性を有する貴重な海洋生態系であるが、様々な人為的ストレスの影響を受けて存亡の危機にあるといっても過言ではない。サンゴ礁では温暖化や酸性化といったストレスについて数多くの研究があるが、海洋プラごみの影響は未解明であり、サンゴ礁におけるMP汚染の現状を理解する必要がある（**図2**）。

(2) 目的および独自性・創造性（**図2**）
　海洋プラごみがサンゴ礁生態系に与えるインパクトの研究自体が新しい分野である。人為的ストレスとしてマイクロプラスチックに着目し、サンゴ礁における汚染状況をグローバルにマッピングすることは国際的に事例がない。本研究では、米国スクリプス海洋研究所のサンゴ礁研究チームと協力し、サンゴ礁におけるグローバルなマイクロプラスチック汚染の実態の解明を目指す。

図1. これまでに約83億トンのプラスチックが製造され、63億トンが廃棄物となり、うち79%は埋め立てられたか環境中に廃棄された。毎年1200万トンを超えるプラごみが海洋に蓄積を続ける。一部はマイクロプラスチックとなり食物連鎖に取り込まれる。

図2 様々な人為的ストレスがサンゴ礁生態系に与えるインパクトについて数多くの優れた研究があるが、プラごみの影響については未解明である。本研究は世界のサンゴ礁におけるマイクロプラスチック汚染の実態を定量的に明らかにする。

▶▶カバー内側にカラーを掲載

・図1・図2に対応する本文を左側に全文収めるため、スペースを計算して図と文章を作った。図の縦位置も揃えた。縦ラインが揃っていると、図だけ上から順に見ていこうという気になる。
・字がつぶれて読めない図では意味がない。図中文字とイラストは念入

128

りにレイアウトしたが、実際はもう少し大きい文字がよいだろう。

・着色して見やすくした（ここではモノクロだが、カラー版をカバーの
裏側に掲載している）。主役のマイクロプラスチックは、存在感を放た
ないといけないのでカラフルな破片で表現している。ただし、審査委
員は紙媒体で審査することが多く、その場合はモノクロ印刷で見るこ
とになる（65 ページ参照）。

◆研究対象が主役になるように作画する

　この研究の絵を描いていく際、研究対象はマイクロプラスチックなの
で、マイクロプラスチックを図の中央近くに置き、大きな書体（かつボー
ルド）を用い、囲み線も太くし、マイクロプラスチックが主役になるよ
うに配慮して作成した。実際のマイクロプラスチックの写真も、申請書
3 枚目に掲載した（次ページ図 6 参照）。

　絵を一生懸命描くのは良いことだが、あくまでも研究資料。素敵に仕
上げることで頭をいっぱいにしてしまわないこと。

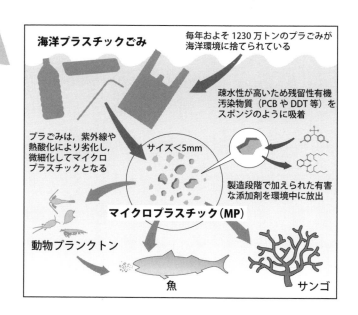

研究活動スタート支援3

2　本研究の着想に至った経緯など

> 本欄には，(1)本研究の着想に至った経緯，(2)関連する国内外の研究動向と本研究の位置づけ，(3)準備状況と実行可能性，について1頁以内で記述してください。

(1) 本研究の着想に至った経緯

申請者は，米国スクリプス海洋研究所において，人間活動がサンゴ礁生態系に与えるインパクトについて研究を行ってきた．年々進行するサンゴの病気と様々な人為的ストレス（例えば，温暖化や酸性化，富栄養化など）の関係が議論されてきたが，その関係は複雑で明確な原因ははっきりとしていない．しかし**本年 1 月のサイエンス誌に，海洋プラごみがサンゴの病気と関係があること**が発表され[3]，プラごみがサンゴ病気の主要な原因の 1 つである可能性が一気に高まった．従って，特に生物に悪影響を及ぼす小さな**マイクロプラスチック（図 6）**がサンゴ礁生態系に与えるインパクトの解明は急務の課題である．

(2) 国内外の研究動向と研究の位置づけ（図 7）

富栄養化や地球温暖化・酸性化といった人為的ストレスがサンゴ礁生態系に与える影響に関しては数多くの優れた研究があるのに対して，<u>プラごみがサンゴ礁に与えるインパクトについてはこれから研究が始まろうとしている段階である</u>[3]．サンゴ礁のマイクロプラスチックに関する研究は過去に 3 報あるが[4-6]，いずれもサンゴがプラスチックを食べたかどうかに終始しており，生態系レベルでのプラスチック汚染の実態は把握できていない．本研究では，<u>スクリプス海洋研究所の実施する全球的なサンゴ礁調査プロジェクトを利用して，**グローバルなサンゴ礁のプラスチック汚染の実態を初めて描く**</u>．

(3) 準備状況と実行可能性（図 8）

申請者は，今年の 2 月まで米国スクリプス海洋研究所のサンゴ礁ラボに所属しており，サンゴ礁研究チームリーダーの Dr. J. Smith と Dr. S. Sandin とはいつでも連絡（スカイプ・メール）が取り合える状況にある．スクリプスの研究チームは毎年 10 カ国以上のサンゴ礁で調査を行っており，本研究のサンプル採集および日本への輸送もすぐに手配できる．試料の分析に必要な器材（ラマン分光顕微鏡や液体クロマトグラフィー等）は申請者の所属する研究機関でいつでも使える状況にあり，確実に実行可能である．

引用文献：*1. World Economic Forum 2016; 2. Eunomia Report 2016; 3. Lamb et al. (2018) Science 359: 460-462; 4. Hall et al. (2015) Mar Biol 162: 725-732; 5. Allen et al. (2017) Mar Poll Bull 124: 198-205; 6. Reichert et al. (2017) Env Poll, in press*

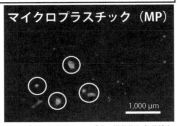

マイクロプラスチック（MP）

1,000 μm

図 6. パルミラ環礁のサンゴ礁の堆積物から分離されたマイクロプラスチックの例（申請者が米国スクリプス海洋研究所で撮影）．

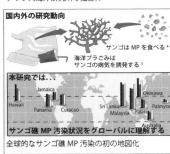

国内外の研究動向

サンゴは MP を食べる[4-5]

海洋プラごみはサンゴの病気を誘発する[3]

本研究では…

Jamaica　Okinawa
Hawaii　Panama　Curacao　Sri Lanka　Palau　Palmyra
Malaysia
Australia

サンゴ礁 MP 汚染状況をグローバルに理解する

全球的なサンゴ礁 MP 汚染の初の地図化

図 7. 本研究では，生態系レベルでサンゴ礁のグローバルなプラスチック汚染の実態を世界で初めて描き，どこで特に汚染が進んでいるのか，保全を進める上で重要な情報を提供する．

本研究の実施体制チーム

試料の採集　　　スクリプス海洋研究所
サンゴ礁研究チーム（Coral Reef Ecology）

Dr.XxxxxXxxxxx　チームリーダー　Dr.XxxxxXxxxxx　チームリーダー
Dr.XxxxxXxxxxx　Dr.XxxxxXxxxxx
XxxxxXxxxxx　XxxxxXxxxxx
XxxxxXxxxxx　XxxxxXxxxxx
XxxxxXxxxxx

SCRIPPS
OCEANOGRAPHY

処理・分析　　　海洋研究開発機構
データの解析・総括

中嶋亮太（申請者）　パートタイマー　分析補助

JAMSTEC

図 8. スクリプスの研究チームは毎年世界 10 カ所以上のサンゴ礁を訪れ調査を行っており，MP の試料は確実に入手可能．試料の分析に必要な器材は全て申請者の所属する海洋研究開発機構に整っている．

◆ 「着想に至った経緯など」の話の流れの作り方

　申請書3ページ目である。「本研究の着想に至った経緯など」として、
(1)　本研究の着想に至った経緯
(2)　国内外の研究動向と研究の位置づけ
(3)　準備状況と実行可能性
の3項目について答える。順に読んでいく。

2　本研究の着想に至った経緯など
(1)　本研究の着想に至った経緯　　　　　　　　（波線は本書解説用）

　　申請者は，米国スクリプス海洋研究所において，人間活動がサンゴ
礁生態系に与えるインパクトについて研究を行ってきた．年々進行す
るサンゴの病気と様々な人為的ストレス（例えば，温暖化や酸性化，
富栄養化など）の関係が議論されてきたが，その関係は複雑で明確な
原因ははっきりとしていない．しかし本年1月のサイエンス誌に，海
洋プラごみがサンゴの病気と関係があることが発表され[3]，プラごみが
サンゴの病気の主要な原因の1つである可能性が一気に高まった．従っ
て，特に生物に悪影響を及ぼす小さなマイクロプラスチック（図6）
がサンゴ礁生態系に与えるインパクトの解明は急務の課題である．

(2)　国内外の研究動向と研究の位置づけ（図7）

　　富栄養化や地球温暖化・酸性化といった人為的ストレスがサンゴ礁
生態系に与える影響に関しては数多くの優れた研究があるのに対して，
プラごみがサンゴ礁に与えるインパクトについてはこれから研究が始
まろうとしている段階である[3]．サンゴ礁のマイクロプラスチックに関
する研究は過去に3報あるが[4-6]，いずれもサンゴがプラスチックを食
べたかどうかに終始しており，生態系レベルでのプラスチック汚染の
実態は把握できていない．本研究では，スクリプス海洋研究所の実施
する全球的なサンゴ礁調査プロジェクトを利用して，グローバルなサ
ンゴ礁のプラスチック汚染の実態を初めて描く．

(3) 準備状況と実行可能性 （図 8）

> 　申請者は，今年の 2 月まで米国スクリプス海洋研究所のサンゴ礁ラボに所属しており，サンゴ礁研究チームリーダーの Dr. *** と Dr. *** とはいつでも連絡（スカイプ・メール）が取り合える状況にある．スクリプスの研究チームは毎年 10 カ国以上のサンゴ礁で調査を行っており，本研究のサンプル採集および日本への輸送もすぐに手配できる．試料の分析に必要な器材（ラマン分光顕微鏡や液体クロマトグラフィー等）は申請者の所属する研究機関でいつでも使える状況にあり，**確実に実行可能**である．

　（1）ではこの研究が急を要している状況を説明し、（2）では申請者がやろうとしている部分はまだ手付かずであることを述べている。（3）では連携相手（少し前に在籍していた研究所）との連絡頻度やツールなどを記し、確実に連携できる関係であることを強調している。

◆具体的な表現で記載する

　波線は、見出しへの答えが凝縮されたキーワードを今回抽出したもの。

（1） 経緯	・サンゴの病気と（中略）ストレス ・一気に高まった ・急務の	高い需要 ＜緊急性＞
（2） 動向	・これから研究が始まろうとしている段階 ・実態を初めて描く	初の試み ＜新規性＞
（3） 準備	・いつでも連絡が取り合える ・サンプル（中略）すぐに手配できる ・いつでも使える状況 ・確実に実行可能	準備万端 ＜確実性＞

　多くの人がこのような 3 STEP 方式で書くだろう。その中で目を惹くには、記述の具体性がカギとなる。そのために、「今年 2 月まで所属」「ス

カイプ・メールで」などの情報まで盛り込んだ。

　同じ内容であっても、「〇年〇月の派遣以降も連携し」だけだと、読み手の記憶にとどまりにくい。「どんなふうに」が抜けているためである。

　(3) の「準備万端」のキーとなるスクリプス海洋研究所との良好な連携を伝える図がこちら。デザインは申請時のままだが、中嶋以外の情報は伏せて掲載している（顔写真は AI で作成したもの）。

研究体制の示し方

本研究の実施体制チーム

試料の採集　　　　　スクリプス海洋研究所
　サンゴ礁研究チーム（Coral Reef Ecology）

Dr.XxxxxXxxxx　　　　Dr.XxxxxXxxxx
チームリーダー　　　　チームリーダー

Dr.XxxxxXxxxx　　　　Dr.XxxxxXxxxx

XxxxxXxxxx　　　　　XxxxxXxxxx

XxxxxXxxxx　　　　　XxxxxXxxxx

XxxxxXxxxx

SCRIPPS
INSTITUTION OF
OCEANOGRAPHY
UCSD

処理・分析　　　　　海洋研究開発機構
　データの解析・総括

中嶋亮太（申請者）　　パートタイマー
　　　　　　　　　　　分析の補助

JAMSTEC

図8. スクリプスの研究チームは毎年世界10カ所以上のサンゴ礁を訪れ調査を行っており，MP の試料は確実に入手可能．試料の分析に必要な器材は全て申請者の所属する海洋研究開発機構に整っている．

▶▶カバー内側にカラーを掲載

◆研究経費とその必要性

①設備備品費

　ほしいものばかりではなく、足りているものも欄外に明記した。不足を訴えることも大事だが、「この設備はあるので、あとは〇〇さえあれば

滞りなく研究できる」という態勢を見せることは、むしろプラスに働く。

②消耗品費

　第２章でもふれたが、消耗品として大雑把なキリのいい数字が入っているのは印象が悪い。研究で必要になるものは全て想定して詳しく記載する。

③旅費・人件費・謝金

　旅費として、研究打ち合わせでの渡米の経費のほかに、国際会議・学会発表のための渡航費を計上している。研究成果を発表することでしか、研究費への恩返しはできない。人件費は分析補助のパートさん、その他の支出は学会等の参加費。

　図は、「研究経費とその必要性」のページの、人件費部分と消耗品費部分。消耗品はかなり細かく書いているが、実際には「○○分析用分析試薬」程度でもよい。ただし「試薬」だけではだめで、何のために使う試薬なのかわかるように記述する。

（金額単位：千円）

消耗品費の明細	
事項	金額
培養物採集用チューブ (50 mL、150本)	75
ヨウ化ナトリウム	20
メンブレンフィルター (47 mm、0.8um)	40
クアラテック手袋 (4箱)	7
ガラス製ろ過ファンネル (47mm、9本)	180
ガラス製メスシリンダー (1リットル、9本)	50
計	372
メンブレンフィルター (47 mm、0.8um)	40
ヨウ化ナトリウム	20
クアラテック手袋 (4箱)	7
GF/Fフィルター (2インチ、100枚入り、10箱)	110
ペトリスライド (2箱)	25
スズカプセル (3箱)	15
クライオバイアル (1箱)	40
パイレックス耐熱ガラス管 (6箱)	25
酸化クロム (6個)	108
酸化銀コバルト (3個)	102
酸化銅・還元銅 (3個)	63
石英燃焼管 (6本)	32
ヘリウムガス (1本)	40
計	627

（金額単位：千円）

人件費・謝金の明細		その他の明細	
事項	金額	事項	金額
試料分析補助 (時給900円×1試料につき3時間×150サンプル×1名)	405	ASLO 国際会議参加費	60
		日本海洋学会春季大会参加費	5
計	405	計	65
試料分析補助 (時給900円×1試料につき2時間×150サンプル×1名)	270	ASLO 国際会議参加費	60
		日本海洋学会春季大会参加費	5
計	270	計	65

◆「これまでの研究活動」の書き方

　「これまでの研究活動」は下記のとおり。実際の活動記録しか載せていない。しかし実際には、申請研究と直接関係ない活動は割愛して、空いたスペースに「論文業績」を載せるべきであったと今になっては思っている。審査委員の中には論文業績ファーストの人もいるからだ。

3　これまでの研究活動

本欄には、これまでの研究履歴（大学院等での研究活動を含む）を現在から順にさかのぼって1頁以内で記述してください。その際、どのような研究を行ってきたのか、研究内容とともに特筆すべき事項（受賞歴等）を簡潔に記述してください。研究活動を中断していた期間がある場合には、その説明などを含めても構いません。

H30年4月〜現在：国立研究開発法人海洋研究開発機構・研究員．環境省・環境研究総合推進費による「海底堆積物中のプラスチックごみの計測技術の高度化」の研究協力者．

H28年3月〜H30年2月：米国カリフォルニア州・スクリプス海洋研究所（Scripps Institution of Oceanography, UC San Diego）において日本学術振興会海外特別研究員．サンゴ粘液の機能について研究を進める傍ら、海洋プラスチック汚染の研究に着手してきた．

H26年11月：日本サンゴ礁学会「川口奨励賞」受賞．この賞は、サンゴ礁研究において顕著な学術業績を挙げた若手の日本サンゴ礁学会会員の中から研究の独創性・革新性・波及効果および学会活動への貢献について特に優れた者に授与される．

H26年4月：IOC/WESTPAC 第9回 国際科学シンポジウム「Best Young Scientist Oral Presentation Award」受賞

H24年4月〜H28年3月：国立研究開発法人海洋研究開発機構・ポストドクトラル研究員．環境省・環境研究総合推進費（S9）による「深海化学合成生態系における生物多様性損失の定量評価と将来予測」の研究協力者として深海化学合成生態系ベントスの多様性を規定する要因ならびに多様性保護の観点から優先的に保全すべき海域の選定について研究を進めた．この研究成果は環境省による海洋保護区選定の政策に貢献した．

H23年4月〜H24年3月：日本学術振興会・次世代研究開発支援プログラムによる「琉球島嶼沿岸生態系のリスク評価と保全再生戦略構築」の研究協力者．琉球列島広域サンゴ礁における動物プランクトンの分布と多様性について調査研究を行ってきた．

H22年4月〜H24年3月：日本学術振興会・アジア研究教育拠点事業（Asian CORE Program）による「東南アジアにおける沿岸海洋学の研究教育ネットワーク構築」の研究協力者．マレーシアのサンゴ礁におけるサンゴ粘液と動物プランクトンの生産量について研究を行ってきた．

H22年4月〜H23年3月：琉球大学亜熱帯生物圏研究センター共同研究事業による「共同利用・共同研究拠点」の代表研究者．沖縄県サンゴ礁における植物・動物プランクトンの生産量の季節変化について研究を行ってきた．

H16年4月〜H22年3月：日本学術振興会・大型共同研究方式学術交流事業による「アジア諸国多国間共同研究事業（沿岸海洋分野）」研究補佐としてマレーシアサンゴ礁調査に参加．サンゴ粘液の生産量について研究を行い、その成果は *Bulletin of Marine Science* 誌に掲載され、同誌の「This month's feature」で取り上げられた．

●概要の「最初の3行」はひたすらやさしく書く
●下線部を追うだけですべて理解できるよう書く
●研究の対象やポイントがわかるような図を描く

3 萌芽→基盤C：不採択を見直し採択へ

> 不採択になった課題に粘り強く向き合い、翌年採択

　挑戦的萌芽が不採択となったが、思い入れのあるテーマだったため、方向性をガラリと変え細部も修正し、翌年の基盤Cにパスしたというケースがある。修正前と修正後のビフォアアフターを見ていこう。文字装飾はオリジナルの申請書どおりに再現している。

◆研究目的（概要）を比較する

●不採択（挑戦的萌芽）

マイクロX線CTによる有孔虫の細胞立体構造構築と生態情報の定量評価
　有孔虫や放散虫など、無機質の殻を持ち、かつ細胞質が大きいために細胞内部構造の観察が困難である<u>原生生物の細胞質を、金属染色を施した上でマイクロX線CTにより立体観察、再構築</u>することで、**細胞質の構造を3次元的に可視化し、立体配置、表面積、体積を定量的に解析できる**ことを見出した。この手法をさらに改良し、細胞内の溶存物質貯蔵場所である液胞、細胞質を部屋ごとにわけ代謝を助けるプラグなどの立体配置や定量解析を行うことで、有孔虫による嫌気環境への適応生態や、細胞質の大型化にチャンバーやプラグが果たす役割を評価する。

○採択（基盤C）

液胞が有孔虫の貧酸素適応に果たす役割：立体構造解析と同位体ラベル実験
　単細胞真核生物である有孔虫は、液胞と呼ばれる「溶液、代謝物をため込む」細胞小器官を数多く持つ。しかし、有孔虫細胞内の液胞のサイズ、形、数、配置は非常に多様で、その形成メカニズムと役割については謎が多い。液胞の役割の一つとされている、貧酸素環境下での

硝酸塩呼吸に用いる硝酸塩取り込みと貯蔵に着目し、酸素濃度の変化により液胞のサイズ、配置がどう変化し、それが硝酸塩取り込み／消費速度とどう関係しているかを、マイクロX線CTによる細胞質立体解析と同位体ラベル実験による代謝解析の組み合わせで解明し、有孔虫の液胞形成と内部液を用いた代謝との関係性を世界に先駆けて明らかにする。

　挑戦的萌芽と基盤Cという、性格の異なる研究種目への変更とはいえ、手直しとは思えないくらい異なっている。その違いを図にしてみる。

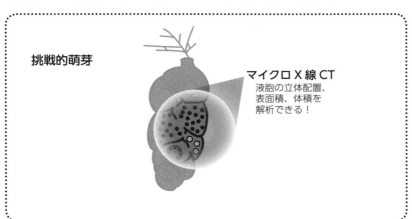

挑戦的萌芽

マイクロX線CT
液胞の立体配置、
表面積、体積を
解析できる！

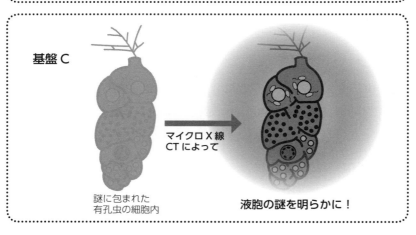

基盤C

マイクロX線
CTによって

謎に包まれた
有孔虫の細胞内

液胞の謎を明らかに！

　萌芽では、マイクロX線CTを使用することとその効果がメインとなっていたが、基盤Cでは研究は細胞内の液胞の謎に向かい、その解明がゴール。マイクロX線CTは手法としての紹介にとどまっている。

　このあとの記述も見ていこう。波線のみ、本書解説用に今回付した。

●萌芽（不採択）

■研究の学術的背景：有孔虫の細胞構造の多様性と立体観察の困難さ

　単細胞真核生物である有孔虫は、好気的—嫌気的まで多様な環境に生息し、無酸素環境では、**液胞内の硝酸塩を用いて硝酸塩呼吸を行うなどの適応生態**が知られている（e.g. Risgaard-Petersen *et al.* 2006, Nomaki *et al.* 2014）。実際に、貧酸素に生息する有孔虫の中には液胞を多く持つ種がいるが（Nomaki *et al.* 2015a）、細胞の1断面の観察に基づいており、<u>液胞がどれだけの体積と表面積を持ち、何日間代謝可能な硝酸塩を液胞中に保持しているのかという定量評価はできていなかった</u>。これは炭酸塩や膠着質の殻が外部からの細胞<u>観察を阻んでいる</u>とともに、細胞サイズが数百μmと大きく、せん毛虫で行われるような連続切片の作成と透過型電子顕微鏡(TEM)観察や、集束イオンビーム装置(FIB)などによる連続削剥—観察、などの<u>手法</u>が非現実的なためである。

■着想に至った経緯：金属染色とマイクロX線CTによる細胞立体構築

　申請者は、<u>どうにかして有孔虫細胞の立体構造を定量評価したい</u>と考えながらTEM観察をしている最中に、ウランおよびオスミウムで**細胞膜と細胞質が「金属染色」された組織を用いれば、TEMで電子線密度の差として現れる濃淡が、X線の透過度の差としても検出され、3次元的に細胞構造を立体構築できるのではないかと着想した**。Bruker社製のSkyscan1272（解像度0.45μm）でのデモ撮影により、<u>液胞やプラグなどがX線吸収度の違いで識別でき、それらの体積の定量評価が可能である</u>ことを見出した（Nomaki *et al.*, 2015b, Marine Micropaleontology）。

波線部だけをピックアップして順に読んでみると、「立体観察の困難さ」「定量評価はできていなかった」「観察を阻んでいる」「手法」「どうにかして…定量評価したい」「定量評価が可能である」。

とにかく「定量評価をしたい、そのための手法が必要だ」の一念が伝わる。ここを、翌年の基盤Cでは完全に切り替えている。

○基盤C（採択）

■研究の学術的背景：有孔虫の液胞の多様性と生息環境との関連

単細胞真核生物（原生生物）である有孔虫は、一般に数百マイクロメートルサイズの細胞を持ち、時にその大きさは 10cm にも達することがある。その大きな有孔虫細胞の構造的特徴として、**液胞と呼ばれる細胞小器官の豊富さ**が挙げられ、液胞内の溶存物質を用いて様々な代謝を行ったり、代謝産物を貯蔵、廃棄していると考えられている。

有孔虫は、貧酸素／嫌気環境で硝酸塩呼吸を行う適応生態が報告されている（e.g. Risgaard-Petersen *et al.* 2006, 業績 6, 8）。細胞内の硝酸塩濃度は周囲の海水の最大 1000 倍と高く、**液胞に硝酸塩をため込んで硝酸塩呼吸に用いていると予想**される。嫌気環境下の有孔虫の液胞の縁辺には細菌が特徴的に分布しており（業績8）、**液胞が有孔虫自身や共生微生物の嫌気代謝に重要な役割を果たしている**ことを示す。

一方で、図1に示している通り、**有孔虫細胞の液胞の数やサイズは種と生息環境により多様性が大きい**（業績 6, 7）。この多様性は、液胞内の溶存物質の量、液胞—細胞質間の表面積、液胞の形成タイミング等を反映していると考えられるが、有孔虫の液胞の内容物や役割に関する知見は非常に少ない（Khalifa *et al.* 2016）。また、液胞の観察は細胞の１断面に基づいており、**液胞の体積、表面積などの定量データ、液胞の立体配置情報を、生息環境、代謝と関連付けた研究は無かった**。これは、有孔虫は炭酸塩や膠着質の殻を持ち外部からの細胞観察が難しいこと、巨大な細胞サイズにより連続切片の透過型電子顕微鏡（TEM）観察や集束イオンビーム装置による連続削剥—観察などの手法が困難だったためである。

有孔虫の液胞に目を向け、その働きの解明／未解明部分をとことん説明している。観察の手法には触れていない。

◆構想、説明、業績……すべてにおいて増強された

この修正はうわべの磨き直しのレベルではないこと、構想から練り直してほぼ書き下ろしていることを、ここまでで感じ取っていただけると思う。初回より2度目のもののほうが、挿入されている業績数も多い。

掲載は省略しているが、このあとの「■着想に至った経緯」の項で初めてマイクロX線CTへの期待にふれ、「■何をどこまで明らかにするか」の項では、萌芽申請書とおおむね同じ内容を、より詳細に（分量3倍）説明している。

萌芽特有の項目「■斬新なアイディア、チャレンジ性」においては、手法が主役であった。手法という語がそのページに8回登場している。ほかにも、「迅速・簡便」「可視化・定量化」「観察できない」「斬新な手法」「可能になる」「本手法により」「有用な細胞構造解析手法」と、手法にまつわる言葉を数多く用いていた。

この書き直し作業によって、マイクロX線CTは、

・主役の座は退いた
・研究「液胞の役割の解明」に欠かせない重要手段という位置についた

と言える。

◆記述全体に柔らかさや広がりが出ている

もう一つ感じたことは、書き直し後のほうが、内容自体がよりわかりやすいということだ。有孔虫の液胞の解明部分と未解明部分を、丁寧に順を追って説明している。

申請書は高校生にわかるものであるべきと言ってきたが、そこもバッチリ満たしている。「液胞」は高校の生物でくわしく習う言葉である。

申請書の変更箇所

	不採択（萌芽）	採択（基盤 C）
分野・分科・細目	変更なし	
キーワード	変更あり	
研究目的（概要）	全変更	
研究の学術的背景	変更	
着想に至った経緯	変更	
図版	図 1　マイクロ X 線 CT 観察画像	図 1　有孔虫の液胞
	図 2　なし	図 2　萌芽で図 1 だった画像
何をどこまで明らかにするか	内容は大体同じだが丁寧に書いた結果 3 倍増	
斬新なアイディア、チャレンジ性	マイクロ X 線 CT の手法	項目なし
研究計画・方法	2 年度分	3 年度分
研究実施体制	ほぼ同じ（元々とてもしっかり書かれていた）	

　全体的にわかりやすく、ゆったりした感が出た要因は、手法のアピールをやめたことだけではなく、補助事業期間が 2 年から 3 年になったことも大きいのではないだろうか。3 年度で計画できることで、有孔虫の液胞へのアプローチのバリエーションが増えている。

　「液胞の、何を調べるのか」がわかりやすく示され、研究の成功の可能性を感じさせる申請書になっていると感じた。

　「液胞を解明する斬新な手法」から、「液胞の謎の解明」に切り替わった研究構想。題名を見てみよう。

修正前

　マイクロ X 線 CT による有孔虫の細胞立体構造構築と生態情報の定量評価

修正後

　液胞が有孔虫の貧酸素適応に果たす役割：立体構造解析と同位体ラベル実験

◆採択切り替えの思考プロセス

申請者の話をもとに、この切り替えのポイントをまとめる。

①書き直しの所要時間

書き直しに時間をかけたというよりも、最初の申請から次の申請までに研究を進めている間に、申請者の中での研究の重要性、方向性がリファインされていった。

当初は、この手法があればあれもできる、これもできる、と手法の面白さに目を向けて書いていた部分があったが、1 年の間に観察事例を重ねる※うちに、対象物のほうに再び目が向くようになったと言う。

> ※申請者は、事前の観察や、より鮮明に映し出すための染色方法の模索など、意欲的に準備しており、不採択の 1 年もかなりの記録を残している。

②研究種目を変更した理由

萌芽から基盤に変更した成り行きを聞いた。

「『中途半端なサイズ』の有孔虫の細胞質を 3 次元可視化できる金属染色＆マイクロ CT による観察は斬新だったが、他人から見ると、CT そのものは当たり前のテクニックで、挑戦的に感じないのではないかと思い直し、研究の重要性に重きをおいて出し直すことにした。

自分がすごいと思うことと、他人がすごいと思うことは必ずしも合致しない。そこで、他人を説得しやすいロジックに従うように申請書の内容を再び検討していった結果、基盤研究のほうが通りやすいだろうと考えた。

③通らなかった萌芽申請を振り返る

通る申請書は、すらすらと筆が進む。自分の中で目的が明確で、用いる手法からその目的が達成可能で、すでに予備データなどから有望性が確かめられていて、あとは金と時間と人手があればという状態になる。萌芽もそういう状態にはなっていた。

しかしエキサイトしていて、特に研究目的のところが独りよがりになっていたと言う。「1年間温め続けたというよりは、データを出して、他の研究者と話をして、自分の中の面白さと他人の面白さとをチューニングできた」という分析だった。

●思い入れのある研究なら不採択でもあきらめない
●「研究の主役」を修正して「申請種目」を変更した
●書類の手直しではなく、研究を前に進めていきながら考えていく
●自分がすごいと思っても、他人もそう思うとは限らない
●うまくいく申請の陰には膨大な準備や試行錯誤がある

What's 科研費？⑤

○良い研究をしていれば、必然的に研究費は獲れる。
　小さくても、それを積み上げていけばいい。

○だが、論文がないとなんにもならない。
　もちろんお金も来ない。だからまず、論文！

NEXT → P151

挑戦的萌芽研究：理解を促す申請書

斬新であればあるほど、まっすぐ丁寧に伝えていく

◆読み手が「勉強になった」と思える申請書

　第2章の4で、「教育的」というキーワードが出た。読み手の理解を促しながら、徐々に話を進めていくような申請書が、教育的な申請書。もっとわかりやすく言うと、「審査委員が読み終わって『そうなのか、勉強になった』と思える申請書」ということ。そういう申請書を読んでみる。

研究課題名	大気・海洋シミュレーションのための超高時間分解能特徴追跡とイベント可視化

研究種目　　　　　挑戦的萌芽研究
分野・分科　　　　数物系科学・地球惑星科学
細目　　　　　　　気象・海洋物理・陸水学
キーワード　　　　（細目表）地球流体力学（細目表以外）可視化

研究目的（全文）

　大気や海洋の高解像度全球シミュレーションは、様々な時空間スケール、様々な特徴をもった構造の再現を可能にする。特に時空間スケールの小さい微細構造の時間変化を理解するためには、シミュレーションと同程度の高時間分解能で特徴構造の抽出および追跡を行い、そこで発生する現象を可視化する必要がある。本研究では、海洋渦や積雲クラスター等の特徴構造の抽出および追跡から、併合、分離、消滅等のイベント抽出、さらに可視化処理までをシミュレーションと同時にスーパーコンピュータ上で実行することが可能なフレームワークの開

発を行う。地球科学分野のシミュレーション研究に情報科学的な手法を組み込むことで、高解像度シミュレーションのもつポテンシャルを最大限に引き出すことを目指す。

4つの文からなる。文字の装飾はなく、難しい言葉も使われていない。イベント（現象）が指すものは「併合、分離、消滅」であり、それに対応する色を割り当てることで「可視化」しようという研究。

つまり、研究対象は現時点では目に見えていないものだ。だれもがイメージできるプラスチックやサンゴなどとは、求められる書き方は違ってくる。学問的な意義を正確に伝えることを第一に考えた落ち着いた文体である。訴求が感じられる記述は、しいて言えば末尾の「ポテンシャルを最大限に引き出すことを目指す」のみである。

◆研究の斬新性・チャレンジ性の訴え方

次ページは、挑戦的萌芽固有の、「研究の斬新性・チャレンジ性」という項目である。「俺の研究すごい」魂がゆさぶられてしまう項目名だが、どのように書くのだろうか。学振の但し書きは次のとおりだ。

本欄には、次の点について、焦点を絞り具体的かつ明確に記述してください。
①本研究が、どのような点で斬新なアイディアやチャレンジ性を有しているか
②本研究が、新しい原理の発展や斬新な着想や方法論の提案を行うものである点、または成功した場合に卓越した成果が期待できるものである点　等

そのページを縮小掲載する。文字の装飾や図表等を照合しつつ、本文を読んでいく。

挑戦的萌芽－2

研究の新新性・チャレンジ性

本欄には、次の点について、焦点を絞り具体的かつ明確に記述してください。
① 本研究が、どのような点で斬新なアイディアやチャレンジ性を有しているか
② 本研究が、新しい原理の発展や斬新な着想や方法論の提案を行うものである点、または成功した場合に卓越した成果が期待できるものである点など

○超高時間分解能データを用いた特徴構造の追跡およびイベント抽出

　本研究課題における第一の斬新かつチャレンジングな点は、シミュレーションと同程度の全時間ステップでの特徴追跡およびイベント検出への挑戦である。通常の大規模シミュレーション研究では、適当な時間間隔に間引いたデータのみを出力し、スーパーコンピュータから解析者の手元の端末にデータを転送して解析に用いる場合が多い。しかし、高解像度モデルが再現する空間スケールの小さい構造はその時間スケールも短いため、特徴を追跡するためには出力データの時間分解能を高める必要がある。一方で、高時間分解能でデータを出力する場合、データを保存するストレージやデータ転送にかかるコストが大きくなるという本質的な問題が発生する。本研究課題では、シミュレーションコードに可視化解析機能を実装することにより、スーパーコンピュータ上での超高時間分解能な特徴追跡およびイベント抽出に挑戦する。最大で全時間ステップでのデータ解析によって、これまで見過ごされてきた現象を明らかにすることを目指す。

○イベント情報に対する可視化表現

　シミュレーション結果から特定の現象を認識しようとする場合、カラーマップを用いて物理量の値の大きさに対して対応する色を付ける可視化手法が一般的に用いられている。例えば図1(a)では、相対渦度に対して色を割り当てることによって渦を可視化しようとしている。しかし、これは相対渦度の値の大きさや渦の分布やその時間変化を見ているに過ぎず、どのような現象が起きているのかはその前後関係から推測しなければならない。本研究課題では、物理量の値ではなく、構造およびイベント（現象）に対して色を割り当てる。例えば、図1(b)では、海流および渦構造を異なる色で表現し、さらに、4月25日に見られる「海流からの切離による渦の生成」というイベントが発生した渦に対しても異なる色を割り当てて表現している。時間変化するイベント（生成、併合、分離、消滅、持続）に対応する色が構造に対して割り当てられるため、いつ、どこで、どのようなイベントが発生したのかを直感的に理解することが可能になる。

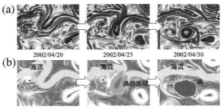

(a)

(b)

2002/04/20　　2002/04/25　　2002/04/30

海流　　　海流　　　海流

渦の生成　　　渦

図1 (a)物理量への色付けと(b)イベントへの色付け

○イベント情報の蓄積および特定イベントの自動検索を

　特徴構造の追跡結果およびイベント情報の抽出結果を、イベント情報データベースに蓄積する。データベースでは、特徴構造の時間変化イベントが、構造およびそれらの前後関係として格納される。本研究課題では、データベースに蓄積されたイベント情報からの、特定の構造およびイベントの自動抽出機能を実現する。

　これによって、例えば海洋シミュレーションへの応用としては、「栄養塩を豊富に含み、黒潮続流を南側から北側に乗り越えて移動する渦」を抽出および追跡することで、日本近海における好漁場の推定に応用できる。また、大気シミュレーションへの応用としては、図2に示すイメージ図のように、「台風の生成から発達、衰退までにかかわる全ての雲および関連するイベント」を抽出することで、どの海域で生まれたどのような特徴をもつ雲が、どのようなプロセスを経て台風を形成するのか等について明らかにすることができる。

積雲クラスターの発生

○ 雲の発生　○ 雲の分裂
● 雲の併合　✕ 雲の消滅

積雲クラスターの併合、発達

台風の発達

図2 イベントの自動検索と台風への応用例

▶▶カバー内側にカラーを掲載（図のみ）

○超高時間分解能データを用いた特徴構造の追跡およびイベント抽出

　本研究課題における第一の斬新かつチャレンジングな点は、シミュレーションと同程度の全時間ステップでの特徴追跡およびイベント検出への挑戦である。通常の大規模シミュレーション研究では、適当な時間間隔に間引いたデータのみを出力し、スーパーコンピュータから解析者の手元の端末にデータを転送して解析に用いる場合が多い。しかし、高解像度モデルが再現する空間スケールの小さい構造はその時間スケールも短いため、特徴を追跡するためには出力データの時間分解能を高める必要がある。一方で、高時間分解能でデータを出力する場合、データを保存するストレージやデータ転送にかかるコストが大きくなるという本質的な問題が発生する。本研究課題では、シミュレーションコードに可視化解析機能を実装することにより、スーパーコンピュータ上での超高時間分解能な特徴追跡およびイベント抽出に挑戦する。最大で全時間ステップでのデータ解析によって、これまで見過ごされてきた現象を明らかにすることを目指す。

○イベント情報に対する可視化表現

　シミュレーション結果から特定の現象を認識しようとする場合、カラーマップを用いて物理量の値の大きさに対して対応する色を付ける可視化手法が一般的に用いられている。例えば図1(a)では、相対渦度に対して色を割り当てることによって渦を可視化しようとしている。しかし、これは相対渦度の値の大きさから渦の分布やその時間変化を見ているに過ぎず、どのような現象が起きているのかはその前後関係から推測しなければならない。本研究課題では、物理量の値ではなく、構造およびイベント（現象）に対して色を割り当てる。例えば、図1(b)では、海流および渦構造を異なる色で表現し、さらに、4月25日に見られる「海流からの切離による渦の生成」というイベントが発生した渦に対しても異なる色を割り当てて表現している。時間変化するイベント（生成、併合、分離、消滅、持続）に対応する色が構造に対して割り当てられるため、いつ、どこで、どのようなイベントが発生したのかを直感的に理解することが可能になる。

○イベント情報の蓄積および特定イベントの自動検索

　特徴構造の追跡結果およびイベント情報の抽出結果を、イベント情報データベースに蓄積する。データベースでは、特徴構造の時間変化イベントが、構造およびそれらの前後関係として格納される。本研究課題では、データベースに蓄積されたイベント情報からの、特定の構造およびイベントの自動抽出機能を実現する。これによって、例えば海洋シミュレーションへの応用としては、「栄養塩を豊富に含み、黒潮続流を南側から北側に乗り越えて移動する渦」を抽出および追跡することで、日本近海における好漁場の推定に応用できる。また、大気シミュレーションへの応用としては、図2に示すイメージ図のように、「台風の生成から発達、衰退までにかかわる全ての雲および関連するイベント」を抽出することで、どの海域で生まれたどのような特徴をもつ雲が、どのようなプロセスを経て台風を形成するのか等について明らかにすることができる。

◆与えられた見出しに答えていく形の作り方

　指定された箇条書きの通りには書いていない。独自の見出しを3つ立て、各々の詳細を説明している。網がかかった部分が各見出しと対応し、なおかつ学振からのリクエスト（下記ゴシック）も満たしている。

スーパーコンピュータ上での超高時間分解能な特徴追跡およびイベント抽出に挑戦する／全時間ステップでのデータ解析によって、これまで見過ごされてきた現象を明らかにすることを目指す　　　→**斬新な着想**

物理量の値ではなく、構造およびイベント（現象）に対して色を割り当てる／いつ、どこで、どのようなイベントが発生したのかを直感的に理解することが可能になる

　　　　　→**方法論の提案、斬新なアイディア、チャレンジ性**

イベント情報データベース／データベースに蓄積されたイベント情報からの、特定の構造およびイベントの自動抽出機能を実現

　　　　　　　　→**新しい原理の発展**

　そのあとの下線は、

「栄養塩を豊富に含み、黒潮続流を南側から北側に乗り越えて移動する渦」を抽出および追跡することで、日本近海における好漁場の推定

「台風の生成から発達、衰退までにかかわる全ての雲および関連するイベント」を抽出することで、どの海域で生まれたどのような特徴をもつ雲が、どのようなプロセスを経て台風を形成するのか（を明らかに）

　　　　　　　→**成功した場合の卓越した成果**

　設問に、順番に、かつ十二分に応えているとわかる。

挿入されている図を2つピックアップする。

研究の流れを示すフロー

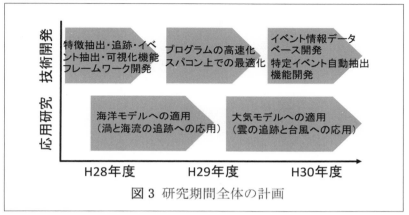

図3 研究期間全体の計画

　シンプルで、難しい語を使っていないフロー。これがあることで、開発と応用が並行して進むことが専門外にも伝わる。特に、上段の技術開発では、最初は基本機能が開発され、次は高速化などの利便、そのあとは実社会に役立つよう技術化されるという大きな流れが把握できる。

研究実施体制

○**研究実施体制**
　本研究課題における研究実施体制を以下の表に示す。可視化情報学を専門とする研究代表者および研究分担者らが、計算機科学、海洋物理学または気象学を専門とする連携協力者との密接な連携の下、研究活動を実施する。また、本研究課題を実施するにあたっての研究環境は、「研究経費の妥当性・必要性」に示している。

研究代表者	申請者（可視化情報学）	研究全体の統括
研究分担者	A（可視化情報学）	可視化表現手法の研究開発
	B（可視化情報学）	特徴抽出・追跡手法の研究開発
連携協力者	C（計算機科学）	計算機科学に関する助言
	D（海洋物理学）	海洋モデル提供、海洋物理学に関する助言
	E（気象学）	気象モデル提供、気象学に関する助言

　私の申請書とテイストが異なる最大の理由がここにあると思う。連携協力者として、異分野の3名の助言を得ながら進める研究とわかる。

　このような研究の代表者が問われているのはマネジメント能力である。研究中はもちろんのこと、申請書を書く時点から、異なる分野の人同士の意思の疎通（目的の共有、ゴールの共有）を図ることにかなりのエネルギーが必要だ。お互いの前提知識を理解しあうところから出発する。

ポイント

著者の研究	この申請者の研究
同じ研究の人との協力体制	専門を大きく超えた連携
対象が生物。具体性に富む	目に見えない研究対象 存在をわかりやすく説明することから

◆採択に近道なし。あるのは一本道

　この申請者の研究は、キャッチーに表現することばかりにとらわれると肝心の内容が審査委員に伝わらない。順を追った説明が不可欠なので、最初の3行にすべてを込めるのも難しい。つまり、興味を引くためのうわべの技巧は裏目に出ることになりそうだ。代わりに、

---

①最初の申請区分選びを慎重に行う
②少しでも専門に近い審査委員に読んでもらえるように申請
③かんで含めるように書き、真の研究主旨を理解してもらう

の3ステップをふむしかない。採択への「近道」はなくて「一本道」だ。
　つまり当申請書は、ふさわしい区分を探し当てたうえで、“当該分野をわかっている”審査委員に読まれることを前提に書き下ろされた申請書と言えると思う。
　萌芽特有の「研究の斬新性・チャレンジ性」という項目でも、与えられた見出しには必ずしも従わず、自分の伝えたいストーリーを分断せずに展開している。

科研費申請は審査時間の短さへの対応がどうしても主流になる。本書では、そのコツを中心に伝えようと当初考えていたが、そういう書き方では真価を伝えきれない研究課題もある。「教育的な申請書」という視点が、読者の深い理解につながればと思い、掲載した。

　挑戦的萌芽研究は独自性が強く、本で書き方をすべて伝えるのは難しいが、読者の研究心に火がつけば幸いだ。

●挑戦的萌芽だからといって挑戦的に書かない
●新規性が高い分、一から理解を促す書き方をする
●「図でパッとわからせる」ではなく、言葉で順を追って伝えていく
●核心を読みとってもらえるように文字装飾で誘導する

What's 科研費？⑥

〇大学の教員職、研究機関の研究職に応募するとき。
　内部昇格の審査のとき。
　外部資金を獲ってきているかどうかは、大きな判断材料。

〇イケてる研究者は、お金も稼いでいる。
　研究費持ってないと、身の振り方にも影響する。

◀END

5 若手研究：不採択と採択の比較検証

不採択申請書を見返すといろいろなことに気づく

　私は若手研究B（現在の若手研究）で、採択・不採択を両方経験しているが、不採択だった2010年度分と、採択2回目の2014年度分を比較してみる。テーマの切り口に変化はあるものの、研究対象はどちらもサンゴ礁だ。

　ただ、自分で自分のものを比較するのは限界があるので、研究者でも理系でもない一般の方に試し読みを依頼し、違いを指摘してもらった。文字装飾は、注記がない限りすべてオリジナルのまま。

研究目的（概要） ※当該研究計画の目的について、簡潔にまとめて記述してください。

○採択

> 　**貧栄養なサンゴ礁生態系が何故，多様で生産性の高い環境となりえるのか長年の謎**であったが，**その答えの1つとして「サンゴ粘液」が注目**されている。サンゴ粘液とはサンゴが体外に出す分泌物であり，細菌の成長を促進し物質循環を円滑に駆動させる役割があることが近年わかってきた。この**サンゴ粘液が微生物食物連鎖（細菌➡鞭毛虫➡繊毛虫➡上位の動物プランクトン）の物質フローを促進する可能性**があるため，本研究では，サンゴ粘液の生産量と微生物群集（細菌，鞭毛虫，繊毛虫）の生産量との関係を明らかにし，**サンゴ粘液からスタートする微生物食物連鎖の炭素フローを定量的に評価する**ことを目的としている。（284字）

●不採択

> 　<u>サンゴ礁生態系の食物網は極めて複雑</u>で、その詳細は未だよく解っていない。特に食物網の基部をなす低次生物群集（プランクトン群集）内の食物網については、ほとんど明らかにされていない。本研究では、

定同位体比分析を用いてサンゴ礁の動物プランクトン群集内の食物網の研究を行う。近年注目されるサンゴ粘液を炭素源として利用する動物プランクトンは何種類いるのか？　また、動物プランクトン個体群間の「食う一食われる」の関係といった、サンゴ礁域のプランクトン群集内の食物構造の解明を目指す。（234字）

　採択のものは３つの文で構成されている。

1文目　謎とその答えを同時に提示している

2文目　答えの詳細を知らせている

3文目　長めの文（申請書上では４行）で本研究のストーリーをすべて述べている。炭素というキーワードも、義務教育の知識や文脈でだいたいわかる

　一方、不採択のものは５文からなるが、総字数は採択のものより少なく、各文も短めだ。

1文目　謎を提示している

2文目　謎を提示している

3文目　研究内容にふれ、安定同位体比分析という専門用語が出てきた

4文目　炭素源が出てきた

5文目　「食う一食われる」というキーワードが出る

◆短い文なのに「読まされている」感じ

　不採択のほうが50文字も少なく一文一文も短いのに、長く読まされている感じがする。

　謎→また謎→専門用語→また専門用語という順序で話題が出される。ラストの文に「食う一食われる」が登場してようやく視界が開ける。この、聞きなれたフレーズを最前に置けば、読み手に概要が早く伝わったはずだ。

　定同位体比分析のような硬い用語を含む文が短いと、文脈や前後関係からその専門用語が何を示すのか推測もしづらい。同様の理由で炭素源

という語も、専門外の人間には意味をつかむのに時間がかかる。

　この研究のポイントは定同位体比分析を用いるところにあるが、それを伝えることができていない。本項の末尾でこの語を出し、字数を使ってでも、どこがどう独創的なのか言えるとよかった。

　モニターの方には申請書それぞれの採否は伏せていたが、一読しただけで採択のほうを言い当てた。「冒頭の、貧栄養なのに生産性が高いサンゴ礁の謎という箇所でヘーッと引き込まれ、あとはそんなに読まなくてもなんとなくわかりました」とのこと。時間勝負な審査委員向けの作りになっている。

　採択のものは、字数を多めに使っている分、急激な難化や深化がなくてなめらかだ。文を短くすることにこだわりすぎると必要な情報が欠けることがあるようだ。

　必要な情報とは何だろう。引き続き、不採択だけ続きを読んでみよう。

●不採択　　　　　　　　　　　　　　　　　（波線は本書解説用）

①研究の学術的背景

　温帯域や極域の沿岸域では、**植物プランクトンが動物プランクトンの主要な炭素源**であることは周知の事実である。しかし、**サンゴ礁生態系ではどうも違うらしい**というのが、サンゴ礁で動物プランクトンを調べてきた研究者の見解である。サンゴ礁は貧栄養なため植物プランクトンの基礎生産量と生物量は基本的に小さい。さらに微小なピコプランクトンが植物プランクトンを優占しているが、動物プランクトン（ここではプランクトンネットで採集されるネット動物プランクトンを指す）の多くは、ピコ植物プランクトンを小さすぎるために捕食できない。そのためサンゴ礁域で動物プランクトンが利用できる植物プランクトンは非常に限られている。にも関わらず、**サンゴ礁では、少ない植物プランクトンの割に、動物プランクトンの生物生産は高い**ことがオーストラリアやポリネシア、マレーシアのサンゴ礁で確認されている (Roman *et al.* 1990, Sakka *et al.* 2001, **Nakajima 2009**)。そこで**他の炭素源の存在**が示唆され、多くの研究者が重要であると考えている。ハワイの Enewetak 環礁では動物プランクトンの胃内容物の大

部分がデトリタスであったこともその仮説を支持している (Gerber & Marshall 1982)。私が、マレーシアのサンゴ礁で動物プランクトンの餌要求量を調べたところ、その要求量は植物プランクトンや原生動物では満たすことができないが、**デトリタスなら十分に満たせる**ことがわかった (Nakajima 2009)。しかし、**デトリタスの何が重要であるかは明らかにされていない**。（中略）

　サンゴ礁生態系におけるデトリタスの起源として、陸上大型植物や底生藻類の枯死、動物の死骸や脱皮殻、糞、そして**サンゴ粘液**がある。サンゴは共生藻から受け取った有機物の半分を水中に放出し、放出される有機物は溶存と不溶性に分かれ、不溶性の有機物はサンゴ粘液と呼ばれる。マレーシアのサンゴ礁において懸濁有機物がサンゴ粘液のC/N 比に非常に近かったことより、**デトリタスの主要な起源はサンゴ粘液**であると考えている (Nakajima *et al.* in press)。過去に、２種の動物プランクトン（カイアシ類アカルチア属とアミ類）が**サンゴ粘液を摂餌・同化したことが実験室レベルで確かめられ**ており (Gottfried & Roman 1983)、サンゴ粘液はサンゴ礁の少ない植物プランクトンを補う意味で重要な炭素源の１つとして考えられる。しかし、**現場環境において実際に動物プランクトンがサンゴ粘液を炭素源としているかは推測の域を出ていない**。粘液を利用する動物プランクトンが何種類いるかも不明である。そこで、**安定同位体比分析を用いれば上記の仮説に答えが出せる**のではと考え本申請に至った。

　波線を見ていくと、「デトリタス」が４回も登場する。これが何なのかわからないともう読めない。モニターの人も初出時点でギブアップ。「プランクトンの死骸などの有機物」の意の海洋学用語なので、初出時に補うべきだった。

　C/N 比についても、もっと高校生にもわかる書き方があった。C や N の元素記号は知っていても、「炭素と窒素の比率が何を意味するか」、知っている人でなければとっさにつながらない。

　文章の表現は採択のものよりも変化に富んでいるくらいだ。主な述部を抜き出すとこうなっている。

> 研究者の見解である
>
> 重要であると考えている
>
> その仮説を支持している
>
> 十分に満たせることがわかった
>
> 何が重要であるかは明らかにされていない
>
> 考えている
>
> 実験室レベルで確かめられる
>
> 考えられる
>
> 推測の域を出ていない
>
> 答えが出せるのではと考え本申請に至った

　ちなみに採択のほう（掲載は省略）は「明らかにする」が4回も出ていてわりと一本調子だ。

　不採択の文章は、順を追った慎重な説明だが、慎重すぎてくどいと感じる。さらに削れる無駄な文章が散見される。この時の私はまだ学位を取ったばかり。論文の書き方は大学院で学んできたが、申請書の記述方法については理解できていなかった。

　審査委員がタイトルと目的の概要以外はあまりきっちりとは読まないことを考え合わせると、やはり、（概要）でのつかみの弱さは響いている。

　続いて別のページを見てみよう。

●不採択

研究目的（続き）　　　　　　　　　　　　　（網かけは本書解説用）

②研究期間内に何をどこまで明らかにしようとしているのか？

　研究期間には、安定同位体比分析を用いて、以下の2点に焦点を絞り、研究を実行する。

● **サンゴ礁に生息する全ての動物プランクトン個体群の栄養段階の決定**

● **サンゴ粘液を利用する動物プランクトン種の決定（サンゴ粘液食性種のリスト作成）**

③当該分野における本研究の学術的な特色・独創的な点及び予想される結果と意義

安定同位体比分析は、食物網解析における強力な手法であるが、安定同位体比を用いて海洋の食物網を調べた研究は、魚やヒトデ、海藻など大型の動植物を対象としてきた。これまで少ないながら安定同位体比分析を動物プランクトンに用いた研究では、動物プランクトンの「群集」を生態系内の食物網の一部として位置づけ、動物プランクトンを種別に分けることなく、プランクトンネットで採集された**動物プランクトンのまとまり（群集）の安定同位体比を測定してきた**。この場合、**食性の異なる動物プランクトン**が混在するため、動物プランクトン群集内の食う－食われるの関係を見ることはできない。また動物プランクトンをネットで採集する際に、デトリタスなど他の有機物が混在するため、**結局何を見ているのか解らない**という問題まで生じる。この問題を解決するため、**本研究では採集した動物プランクトンを種毎に選別し、各種（個体群）全ての安定同位体比を個別に調べる**。サンゴ礁の低次生物群集の食物網の解析に安定同位体比分析を用いること自体が新しい試みだが、さらに本研究では動物プランクトン全個体群の安定同位体比を包括的に調べることに特色がある。同時に、動物プランクトンの重要な炭素源としてサンゴ粘液が考えられているが、実際に現場環境においてサンゴ粘液を利用しているかは推測の域を出ておらず、**安定同位体比分析によりサンゴ粘液を利用している（またはしていない）動物プランクトン種を明らかにする**ことに独創的な視点である。　　　　　　　　　　　　　　　　　　　　　　　＜以下略＞

◆研究のハイライトが日陰に置かれていた

あちこちに、ゴシック体が施されているが、この研究のハイライトは、今回グレーの網をかけた部分だ。この研究のポイントは「安定同位体比分析を、プランクトンのような小さい生物に対し実施する」こと。それは、ゴシック体を追うと理解できる。

　しかし、あともう一歩踏み込むべきだった。

　これまで、安定同位体比分析は大き目の海洋生物にしか行われていない。なぜなら、小さい生物は体重が小さいので、種類別に分析するためにはたくさん個体数を集めなくてはならず大変だから。そのため、これまではプランクトンをまとめてごっそりと（群集単位）でしか測定できなかった。

　このことを明確に文章化し、もっと前に押し出して言うべきであった。研究の独創性は分析方法だけではなく、そのお膳立てである試料採集にある。このことが（概要）部分に織り込まれていたら、安定同位体比分析やデトリタスがわからなくてもあまり気にならず続きを読めたかもしれない。

> 申請者はサンゴ礁の「食う─食われる」を解明する。

> 今回、小さい生物には無理だった分析方法を用いる。
> 小さいと群集単位でしか測定できなかったからだ。

> しかし申請者には、大がかりで緻密な試料採集方法の構想がある。

> 採集した動物プランクトンを冷やしておとなしくさせて、
> 人海戦術を使い短時間に顕微鏡で種類別に分けていく。

> この作業を繰り返し、安定同位体比分析に必要な個体数が集まってから種類別に分析する。

以上の工程を表した表と図がこれである。

表1 研究スケジュール

H22	4-6月	調査打ち合わせ
	7-9月(乾季)	試料採集（1回目）
	10-12月	安定同位体比分析
	1-3月(雨季)	試料採集（2回目）
H23	4-6月	安定同位体比分析
	7-9月(乾季)	試料採集（3回目）
	10-12月	安定同位体比分析
	1-3月(雨季)	試料採集（4回目）
H24	4-6月	安定同位体比分析
	7-9月	データのとりまとめ
	10-12月	論文執筆
	1-3月	論文投稿

図2. 研究概略フロー

◆練りに練った、自信ある部分は必ず伝えきろう

この研究の独創性は、安定同位体分析の実施よりも、その準備の部分にあった。「個体別に捕獲できなかった微小な生物を、緻密な工程で集め分類する」。この工程説明をもっとアピールできていたら、わからない語がひとつふたつあってもたいした障壁にはならなかった（と思う）。

モニターには「終盤になるにつれて面白くなる申請書です」という感想をもらった。何をするかわかってからは、申請書後半の研究経費の明細すら面白かったそうだ。

第1章の6で述べた、部外者に読んでもらうことは効果的であった。研究を知らない人に読んでもらい、思ったとおり言ってもらうことは必要である。

この調査研究は（内容を少し変えながら）その後も進展し、若手Bで2回採択となり成果も報告できた。だれでもわかる申請書を書くことがいかに大事か痛感できた。

締めくくりに、不採択・採択それぞれの申請書の1枚目を掲載しておく。

不採択申請書の１ページ目

研　究　目　的（概要）※ 当該研究計画の目的について、簡潔にまとめて記述してください。
サンゴ礁生態系の食物網は極めて複雑で、その詳細は未だよく解っていない。特に食物網の基部をなす低次生物群集（プランクトン群集）内の食物網については、ほとんど明らかにされていない。本研究では、定同位体比分析を用いてサンゴ礁の動物プランクトン群集内の食物網の研究を行う。近年注目されるサンゴ粘液を炭素源として利用する動物プランクトンは何種類いるのか？また、動物プランクトン個体群間の「食う―食われる」の関係といった、サンゴ礁域のプランクトン群集内の食物構造の解明を目指す。

①研究の学術的背景

温帯域や極域の沿岸域では、**植物プランクトンが動物プランクトンの主要な炭素源であることは**周知の事実である。しかし、**サンゴ礁生態系ではどうも違うらしいというのが、**サンゴ礁で動物プランクトンを調べてきた研究者の見解である。サンゴ礁は貧栄養なため植物プランクトンの基礎生産量と生物量は基本的に小さい。さらに微小なピコプランクトンが植物プランクトンを優占しているが、動物プランクトン（ここではプランクトンネットで採集されるネット動物プランクトンを指す）の多くは、ピコ植物プランクトンを小さすぎるために捕食できない。そのためサンゴ礁域で動物プランクトンが利用できる植物プランクトンは非常に限られている。にも関わらず、**サンゴ礁では、少ない植物プランクトンの割に、動物プランクトンの生物生産は高い**ことがオーストラリアやポリネシア、マレーシアのサンゴ礁で確認されている（Roman et al. 1990, Sakka et al. 2001, Nakajima 2009）。そこで他の炭素源の存在が示唆され、多くの研究者はデトリタスが重要であると考えている。ハワイのEnewetak環礁では動物プランクトンの胃内容物の大部分がデトリタスであったこともその仮説を後押している（Gerber & Marshall 1982）。私が、マレーシアのサンゴ礁で動物プランクトンの餌要求量を調べたところ、その要求量は植物プランクトンや原生動物では満たすことができないが、デトリタスなら十分に満たせることがわかった（**Nakajima 2009**）。しかし、**デトリタスの何が重要であるかは明らかにされていない。**

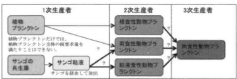

図1. サンゴ粘液を炭素源とする動物プランクトンとそれを利用する肉食性動物プランクトンのコンパートメントモデル予想図。安定同位体比分析で「?」の部分を明らかにしたい。

　サンゴ礁生態系におけるデトリタスの起源として、陸上大型植物や底生藻類の枯死、動物の死骸や脱皮殻、糞、そして**サンゴ粘液**がある。サンゴは共生藻から受け取った有機物の半分を水中に放出し、放出される有機物は溶存と不溶性に分かれ、不溶性の有機物はサンゴ粘液と呼ばれる。マレーシアのサンゴ礁において懸濁有機物の C/N 比がサンゴ粘液の C/N 比に非常に近かったことより、デトリタスの主要な起源はサンゴ粘液であると考えている（Nakajima et al. in press）。過去に、2種の動物プランクトン（カイアシ類アカルチア属とアミ類）がサンゴ粘液を摂餌・同化したことが実験室レベルで確かめられており（Gottfried & Roman 1983）、サンゴ粘液はサンゴ礁の少ない植物プランクトンを補う意味で重要な炭素源の１つとして考えられる。しかし、現場環境において実際に動物プランクトンがサンゴ粘液を炭素源としているかは推測の域を出ていない。粘液を利用する動物プランクトンが何種類いるかも不明である。そこで、安定同位体比分析を用いれば上記の仮説に答えが出せるのではと考え本申請に至った（図1）。

左の不採択から右の採択までには４年が経過している。

左 主著論文　4本	右 主著論文　16本
2009 年	2013 年

採択申請書の１ページ目

研　究　目　的（概要） ※ 当該研究計画の目的について、簡潔にまとめて記述してください。

　貧栄養なサンゴ礁生態系が何故、多様で生産性の高い環境となりえるのか長年の謎であったが、その答えの１つとして「サンゴ粘液」が注目されている。サンゴ粘液（下図１）とはサンゴが体外に出す分泌物であり、細菌の成長を促進し物質循環を円滑に駆動させる役割があることが近年わかってきた。この**サンゴ粘液が微生物食物連鎖（細菌➡鞭毛虫➡繊毛虫➡上位の動物プランクトン）の物質フローを促進する可能性**があるため、本研究では、サンゴ粘液の生産量と微生物群集（細菌、鞭毛虫、繊毛虫）の生産量との関係を明らかにし、**サンゴ粘液からスタートする微生物食物連鎖の炭素フローを定量的に評価する**ことを目的としている。

1. 研究の学術的背景

　2004 年の Nature 誌に、サンゴ粘液がサンゴ礁生態系の物質循環を円滑に駆動する（Wild *et al.* 2004）ことが掲載されて以来、サンゴ粘液に関する研究は飛躍的に進んできた。**サンゴ粘液とはサンゴが体外に分泌する有機物の総称（図１）で、サンゴに共生する褐虫藻の光合成産物に由来する。**これが水中に放出されると、大部分は溶存態有機物（DOM）となり、細菌の成長を促すことが分かってきた（e.g. Nakajima *et al.* 2009）。近年、サンゴ粘液は細菌のほかに、動物プランクトンや底生動物にも食されている可能性が報告されており（Roman *et al.* 1990; Naumann *et al.* 2010）、サンゴ礁の栄養構造研究の観点から見て、**サンゴ粘液が食物連鎖に果たす役割を明らかにすることは今後重要になってくる**と考えられる。

　申請者はこれまで、サンゴ粘液の 60-70%は溶けて DOM になること、粘液は細菌の良い栄養源であること、細菌密度はサンゴの量が増大するほど（＝粘液の放出量が増大するほど）高く、それに応じて細菌捕食者（鞭毛虫）密度も増大することを明らかにしてきた（Nakajima *et al.* 2009, 2010, 2013）。そこで**サンゴ粘液により細菌が活発に増殖すると、微生物食物連鎖（細菌➡鞭毛虫➡繊毛虫➡上位の動物プランクトン）の炭素フローも促進されると予想される**が（図２の白矢印）、未だ推測の域を出ていない。一般的な海洋生態系では、植物プランクトンが主な DOM 源だが、サンゴ礁では植物プランクトン量が極めて少なく限界がある。他の DOM 源としてサンゴ粘液に焦点を当て、そこに始まる食物連鎖構造を明らかにする必要がある。本研究では、微生物食物連鎖を通じて高次の栄養段階者へと転送される**サンゴ粘液の物質フローを定量評価し、粘液に始まる微生物連鎖構造を明らかにする**ことを目的とする。

図 1. サンゴの放出する粘液。申請者の論文が Bulletin of Marine Science 誌のウェブサイトで特集された際の記事から引用（2010 年 10 月）

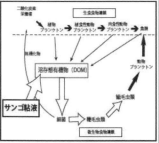

図 2. 一般的な海洋の食物連鎖構造（生食食物連鎖と微生物食物連鎖）。ここにサンゴ粘液が加わると、溶存有機物のマスが増大して微生物食物連鎖における炭素フローが促進されると予想され、**本研究でサンゴ粘液からスタートする微生物食物連鎖内の炭素の流れ（白枠の矢印）を定量的に明らかにする。**

●短めの文を連続させても読みやすくなるとは限らない
●研究の一番自信のある部分は、言葉を惜しまず書き切ろう
●落ちた申請書は最高の教師！　必ず見返して次につなごう
●申請書は部外者には必ず読んでもらおう

申請書全文サンプル

基盤 B

　　　基盤研究（B）の採択申請書を全文掲載する。図表番号以外の文字装飾ははずした。設問と文をじっくり読み、見出しや図表と照合しながら、どこが設問への答えなのか、自分なら文と図表をどのように配置するか等、考える材料として扱っていただけたら幸いだ。

　図はカラーのものを加工処理なしで掲載している。モノクロで審査される場合の見え方を知っていただくことが狙いだ。

研究課題名	「行方不明プラスチック」の謎を明かす―深海に沈む海洋プラスチックの徹底調査

機関番号	研究種目番号	応募区分番号	小区分	整理番号
82706	05	1	63010	0004

平成31年度（2019年度）基盤研究（B）（一般）研究計画調書

平成30年10月25日
1版

新規

研究種目	基盤研究(B)		応募区分	一般

小区分	環境動態解析関連

研究代表者 氏名	（フリガナ）	ナカジマ リョウタ
	（漢字等）	中嶋 亮太

所属研究機関	国立研究開発法人海洋研究開発機構

部　　局	海洋生物多様性研究分野

職	研究員

研究課題名	「行方不明プラスチック」の謎を明かす-深海に沈む海洋プラスチックの徹底調査

	年度	研究経費 （千円）	使用内訳（千円）				
			設備備品費	消耗品費	旅費	人件費・謝金	その他
研究経費 （千円未満の 端数は切り 捨てる）	平成31年度	4,330	755	735	380	2,400	60
	平成32年度	5,330	0	795	465	2,400	1,670
	平成33年度	4,585	0	950	365	2,400	870
	平成34年度	4,885	0	950	365	2,400	1,170
	平成35年度	820	0	0	450	0	370
	総計	19,950	755	3,430	2,025	9,600	4,140

開示希望の有無	審査結果の開示を希望する

研究計画最終年度前年度応募	－

1　研究目的、研究方法など

> 本研究計画調書は「小区分」の審査区分で審査されます。記述に当たっては、「科学研究費助成事業における審査及び評価に関する規程」（中略）を参考にすること。本欄には、本研究の目的と方法などについて、4頁以内で記述すること。
>
> 冒頭にその概要を簡潔にまとめて記述し、本文には、(1) 本研究の学術的背景、研究課題の核心をなす学術的「問い」、(2) 本研究の目的および学術的独自性と創造性、(3) 本研究で何をどのように、どこまで明らかにしようとするのか、について具体的かつ明確に記述すること。
>
> 本研究を研究分担者とともに行う場合は、研究代表者、研究分担者の具体的な役割を記述すること。

（概要）

　毎年800万トンを超える廃プラスチックが海洋に蓄積を続けており、分解されないプラスチックによる汚染、とりわけ回収不可能なマイクロプラスチックによる生態系への影響が懸念され、世界各国が実態把握や排出防止に向けて動いている。海洋ごみには未解明のパラドックスがある。現在、推定4500万トンの廃プラスチックが外洋の表層を漂っているはずだが、実際に観測された量はわずか44万トンにすぎない（全体の1％）。残りの99％が表層から失われ行方不明となっている（＝The Missing Plastics）。おそらく大部分は深海に沈んでいる。本申請は、The Missing Plastics の行方を求めて、アジア諸国から大量のプラごみが流れ込み集積する日本周辺の深海底において、プラごみがどこにどのくらい蓄積しているか、その分布と量を明らかにする。得られたデータをモデルに組み込み、深海底に沈むプラスチックの総量を全球的にシミュレーションし、The Missing Plastics の謎に答える。

申請書全文サンプル

（本文）

（1）学術的背景と核心をなす学術的「問い」
行方不明プラスチックの謎—大部分は深海に？

　1950年代から大量生産の始まったプラスチックの生産量は現在までに合計83億トン[1]。そのうち63億トンが廃棄され、うち8割近くは埋め立てられたか環境中に流出した[1]（**図1**）。現在までに海洋に流出したプラスチックごみ（プラごみ）の総量は控えめに見積もっても1億5000万トンある[1,2]。廃プラスチックのおよそ半分は比重が小さく海水に浮くため[3]、海面を漂う「軽い」プラスチックは7500万トンと推定される。その一部は浜辺や沿岸域にとどまるが、6割以上は外洋に流出し[4]、少なくとも4500万トンの軽いプラごみが外洋に浮いているはずである[5]。

　しかし、観測に基づいて明らかとなった海面プラごみの全球的な総量は44万トンにすぎず（全体の1%）[6,7]、残りの99%が海面から失われたが、その行方が不明である（＝The Missing Plastics）[8]。軽いプラスチックでも、生物付着が生じると沈降し[9]、また微細化して小さくなったマイクロプラスチックは動物プランクトン等に摂食され糞とともに沈降する[10]。そのため大部分は深海に沈んだと考えられているが[11]、研究例が極めて乏しく、The Missing Plastics を説明できるほど大量のプラごみはまだ見つかっていない。The Missing Plastics の行方を明かすため、深海のプラごみを徹底的に調べる必要がある。

図1

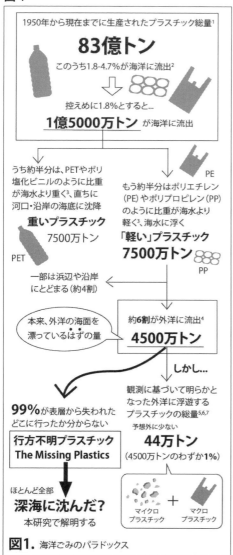

図1. 海洋ごみのパラドックス

(2) 目的および学術的独自性・独創性

　深海におけるプラスチックの研究自体が新しい分野である **(図2)**。日本では沿岸や表層のプラスチックの実態研究が着手され始めているに過ぎず、深海プラスチックの実態はほとんどわかっていない[12]。本研究は、日本周辺の深海底に集積するプラごみの分布・量の解明を目指すが、大型プラスチックから微小なマイクロプラスチックまで、深海における分布と量を広範囲にマッピングすることは国際的にも事例がない。日本は、ごみ最大排出国の中国や東南アジアから大量のプラごみが海流によって運ばれてくる海域にあり[13] **(図3)**、海表面にはたくさんのマイクロプラスチックが浮いている[13] **(図4)**。そのため日本周辺の深海底には極めて多量のプラごみが集積していると予想される。もしそうなら行方不明のプラスチックをかなり説明できることになる。本研究により日本周辺の深海に分布するプラごみの全貌が明らかとなり、今後世界各地で進められる他の深海プラごみ調査結果とあわせて、深海に沈むプラスチックを全球的にシミュレーション可能となる。そして99％の行方不明プラスチックのパラドックスを解明できる。

(3) 何をどのようにどこまで明らかにするか

　日本周辺の深海に蓄積するプラスチックの分布と量を以下の2つのアプローチから効率的に調べる。

(a) 過去に記録・採取した深海映像データおよび海底堆積物コア試料・生物試料の精査：過去30年間に深海探査機によって記録された深海ごみ映像データから大型のマクロプラスチック量を調査、海底コアと生物試料からマイクロプラスチックを調査し、海底面積あたりのプラごみ量（kg/km^2）を解明。

(b) モデル化に最低限必要な海域におけるプラスチック実態調査と全球シミュレーション：プラごみの輸送経路となる海流、最終的に集積する海底の地形を考慮して、モデル化に必要な最低限の海域を絞り、マクロ・マイクロプラスチックの分布と量を明らかにする。プラス

チックの排出モデルに組み込み、深海プラスチック量を全球的にシミュレーションする。

図2

深海の海底で実施されたマイクロプラスチックの調査はわずか4例

Chae & An 2017 Mar Poll Bull 96:204-

図2. 世界の海底のマイクロプラスチック調査まとめ。矢印がマイクロプラスチックの報告がある深海底を示す。砂浜、浅海の海底もしくは湖底からの報告は多いが、深海におけるプラスチックの実態はほとんどわかっていない。

図4

事実、日本周辺海域の表層はマイクロプラスチックのホットスポット

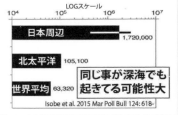

LOGスケール

日本周辺	1,720,000
北太平洋	105,100
世界平均	63,320

同じ事が深海でも起きてる可能性大

Isobe et al. 2015 Mar Poll Bull 124: 618-

図4. 日本周辺海域の表層では世界平均よりも27倍高いマイクロプラスチック濃度が報告されている。同様のことが深海底でも観察される可能性が極めて高い。

図3

アジアから大量のプラごみが日本へ

黒潮

海プラ排出量
百万トン 2010年
> 5.00
1.00 - 5.00
0.25 - 1.00
0.01 - 0.25
< 0.01

Jambeck et al. 2015 Science 347:768-

図3. 中国と東南アジアから排出されるプラごみだけで、世界のプラごみ排出の約50%に相当する。これらアジア地域から排出された大量のプラごみは、黒潮と対馬暖流によって日本周辺の海域へ運ばれる。

申請書全文サンプル

研究方法

(a) 過去に記録・採取した深海映像データおよび海底堆積物コア試料・
　　生物試料の精査

【日本周辺の深海ごみ映像データ】31 － 32 年度

　JAMSTEC が過去30 年間に記録してきた深海映像データには、しば
しばポリ袋などの海洋ごみが映っており、約 5,000 潜航調査の映像から
すでに 1,000 を超すプラごみが確認されている（**図5**）。まず映像に映る
ポリ袋やペットボトル等の比較的大きなマクロプラスチックを定量する。
具体的には、申請者の開発した方法を用いてカメラの画角・深海探査機
の高度（m）から映像に映る海底面積を算出する[14]（**図6**）。画像解析に
よりプラごみの数とサイズを計測し、推定される材質とその比重からプ
ラごみのおよその重量を算出。最終的に、各海域に沈んだマクロプラス
チックの海底面積当たりの重量（kg/km^2）を見積もる。

【海底堆積物コア試料・生物試料】33 － 34 年度

　過去にさまざまな深海底で採集し冷凍保存されている海底堆積物コア
試料からマイクロプラスチック（MP）を抽出する（**図7**）。ヨウ化ナト
リウム溶液（比重 1.6）で堆積物から MP（＋有機物）を密度分離し、塩
酸で炭酸カルシウムを除去、硫化鉄＋過酸化水素で有機物を除去し、可
能な限り MP だけにした試料をフィルターに捕集。ラマン分光顕微鏡を
用いて MP の材質の同定と計数を行う。画像解析により MP のサイズと
体積を計測し、材質から判断される比重を乗じて重量を求める。

　ホルマリン固定された深海二枚貝や深海サンゴ等の底生生物試料から
も MP を抽出する。胃腸・肉片を摘出し、上記方法で有機物を除去して
から MP の重量を求める。深海映像データから該当生物の生息面積を推
定し、底生生物群集の面積あたりに（一時的に）保存された MP 量（kg/
km^2）を算出。最終的に各海域の海底面積当たりの MP 総重量（kg/
km^2）を見積もる。

図5

深海映像データによる深海ごみの分布

▲ プラスチックごみ有
〇 プラスチック以外のごみ有
✕ ごみ無し
Chiba et al. 2018 Mar Poll Bull 96:204-

相模湾のポリ袋

図5. 日本周辺の深海における潜航調査と海洋ごみの有り無しの記録。これまでに約5,000潜航調査の映像から1,000個を超えるプラスチックごみが確認されている。

図7

マイクロプラスチックの処理と分析

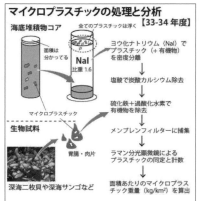

海底堆積物コア

面積は分かってる

全てのプラスチックは浮く【33-34 年度】

NaI 比重 1.6

マイクロプラスチック

生物試料

胃腸・肉片

深海二枚貝や深海サンゴなど

ヨウ化ナトリウム（NaI）でプラスチック（＋有機物）を密度分離

↓

塩酸で炭酸カルシウム除去

↓

硫化鉄＋過酸化水素で有機物を除去

↓

メンブレンフィルターに捕集

↓

ラマン分光顕微鏡によるプラスチックの同定と計数

↓

面積あたりのマイクロプラスチック重量（kg/km²）を算出

図7. 過去に採取された海底堆積物コア試料と生物のホルマリン試料からマイクロプラスチックを抽出する。

図6

深海ごみ映像から定量データの抽出

【31-32 年度】

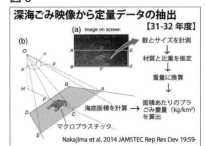

(a) Image on screen

(b)

数とサイズを計測

↓

材質と比重を推定

↓

重量に換算

↓

海底面積を計算 → 面積あたりのプラごみ重量（kg/km²）を算出

マクロプラスチック

Nakajima et al. 2014 JAMSTEC Rep Res Dev 19:59-

図6. 過去に撮影されたごみ映像から海底面積を計算し面積あたりのマクロプラスチック量を見積もる。図のような斜め映像でもカメラ画角・高度などの情報から画面下半分の面積を計算できる。

(b)　モデル化に最低限必要な海域におけるプラスチック実態調査と全球
　　シミュレーション

【日本深海プラスチック実態調査】31 − 34 年度

　過去の映像データや既存の試料では不十分なため、実際に深海プラス
チックの調査を実施する。ただ日本周辺海域を網羅的に調査することは
現実的ではないため、プラごみの輸送経路となる海流、排出源となる人
口密集域、最終的に集積していく海底の地形を考慮して、モデル化に必
要な海域を絞り（図 8）、プラスチックの採集調査を行う。具体的には、
選定海域で、海底のドレッジ曳き・映像撮影によるマクロプラスチック
調査、堆積物コア採集による MP 調査を実施し、海底面積あたりのプラ
スチック量を調べる（図 9）。

【全球シミュレーション - まとめ】35 年度

　31 − 34 年度の成果をまとめ、海流・沈降モデルと組み合わせて日本
の深海に沈むプラごみの総量を解明するとともに、全球深海プラスチッ
ク量のシミュレーションにも取り組む。もちろん日本周辺の深海域（西
北太平洋）のデータだけで全球の深海プラスチックを推定することは難
しいが、深海プラスチック研究はまさに始まったばかりで、今後 5 年以
内に、インド洋や大西洋など各大洋でも調査データがでてくると期待さ
れる。それらを合算し、全球および将来シミュレーションを行う。

本研究の実施体制

　本申請は、研究代表者による単独申請だが、実際にはチームとして 6
名の研究協力者と試料の採集・分析に取り組む（図 10）。申請者は米国
を中心とする海洋プラスチックの国際ワーキンググループ（PAGI）のメン
バーだが、深海プラスチックの全球シミュレーションには、同じ PAGI
のメンバーでこれまでプラスチック排出モデルを先駆的に研究してきた
米国研究者らと共同で行う。

図8

【31-34年度】深海プラスチック実態調査側線

津軽暖流終点
日本海溝
津軽暖流中流
黒潮中流
三重会合
黒潮中流
黒潮分岐前　南海トラフ
琉球海溝

図8. モデル化に最低限必要な海域で調査を実施し、海底のドレッジ曳き・堆積コア試料の採集からプラスチック量を調べる。

図9

【31-34年度】

海底ドレッジ　　マクロプラスチック
海底堆積物コア
マルチプルコアラー　　マイクロプラスチック

【31-32年度】
過去の深海映像データよりマクロプラスチックの定量解析

【33-34年度】
過去のコア試料・生物試料よりマイクロプラスチックの定量解析
See 図6-7

面積あたりのプラスチック重量（kg/km²）を算出

日本周辺の深海に沈んだプラスチックの分布と量を広範囲にマッピング

深海プラスチックの全球シミュレーション

図9. 試料採集と解析の流れ

図10

本研究の実施体制チーム

試料の採集・分析
海洋プラスチック研究チーム

統括
中嶋亮太
（申請者）　　A

B　　研究支援スタッフ
分析の補助

全球シミュレーション　PAGI メンバー

統括
中嶋亮太
（申請者）

図10. 本申請は研究代表者による単独申請だが、実際にはチームとして研究に取り組む。深海プラスチックの全球シミュレーションには米国研究者らと共同で進める。

参考文献：
1. Geyer et al. 2017 Science Advances 3:e1700782.
2. Jambeck et al. 2015 Science 347:768-771.
3. Plastic Europe (2015) Association of Plastic Manufactures.
4. Lebreton et al. (2012) Mar Poll Bull 64: 653-661.
5. Cozar et al.(2014) PNAS 111: 10239-10244.
6. Eriksen et al. (2014) PLoS One 9: e111913.
7. Law et al. 2010.
8. van Sebille et al. (2015) Environ Res Lett 10: 124006.
9. Ye & Andrady (1991) Mar Poll Bull 22: 608-613.
10. Cole et al. (2016) Environ Sci Technol Lett 50: 3239-3246.
11. Woodall et al. (2014) R Soc Open Sci 1: 140317.
12. Chae & An 2017 Mar Poll Bulll 96:204-212.
13. Isobe et al. 2015 Mar Poll Bull 101:618-623.
14. Nakajima et al. 2015 JAMSTEC Rep Res Dev 19:59-66.

申請書全文サンプル

2　本研究の着想に至った経緯など

本欄には、(1) 本研究の着想に至った経緯と準備状況、(2) 関連する国内外の研究動向と本研究の位置づけ、について 1 頁以内で記述すること。

(1)　本研究の構想に至った経緯と準備状況

　国際的に最大の関心事は「プラスチックはどこに行ったか？」である。我々は海洋に流入したプラスチックの量を知っているが、それがどこに行ったかがわからない。欧米の研究者が海面に浮かぶプラスチックの全球的な量を何度も計算したが、結果は予想外に低く、過去─現在までに海に排出されたプラスチック全体の 1% も説明できない（図 11）。残り 99% の行方不明プラスチックはおそらく深海に沈んでいるが、深海調査は予算的・技術的な制約が多く、深海プラスチックの調査は極めて少ない。行方不明プラスチックの謎に答えを出すために、深海、特にアジア地域から大量のごみが流れてくる日本周辺の深海でプラスチックを調べることは必須であり本研究の構想に至った。JAMSTEC では、深海のごみ映像データベースを世界に先駆けて公開し（図 12）、いつでも映像からごみの定量データを抽出する準備ができている他、海洋プラスチックの研究チームをつくり、調査航海の申請など準備状況は着実である。

(2)　国内外の動向と本研究の位置づけ

　「99% のプラスチックはどこにいったのか？」がホットな話題でありパラドックスである。ほとんどのプラごみは深海に沈んだと考える研究者は多いが[5,6,7,8]、深海プラスチックの実態は国内外でほとんどわかっていない[11,12]。アジア地域から大量のプラごみが海流で運ばれる日本周辺の海域では、表層に浮遊するマイクロプラスチックが世界平均よりも抜きん出て多いことが先行調査で明らかとなっているが[13]、日本の深海底も同様にプラスチックのホットスポットになっている可能性が極めて高い。本研究が、マクロプラスチックから微小なマイクロプラスチックまで、

日本周辺の深海に沈んだプラスチックの分布と量を世界ではじめて広範囲にマッピングする（図13）。

図11

図11. 海洋ごみのパラドックス（行方不明プラスチック）

図13

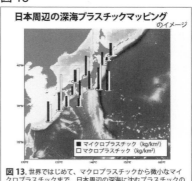

図13. 世界ではじめて、マクロプラスチックから微小なマイクロプラスチックまで、日本周辺の深海に沈むプラスチックの分布と量を広範囲にマッピングする。

図12

図12. 申請者の所属するJAMSTECでは、深海で観察されたごみの映像データベース（深海デブリデータベース）を世界に先駆けて公開し、これらの映像からプラスチックごみの定量データを抽出する準備は整っている。

▶▶カバー内側にカラーを掲載

3　応募者の研究遂行能力及び研究環境

> 　本欄には応募者（研究代表者、研究分担者）の研究計画の実行可能性を示すた
> め、(1) これまでの研究活動、(2) 研究環境（研究遂行に必要な研究施設・設備・
> 研究資料等を含む）について2頁以内で記述すること。
> 　「(1) これまでの研究活動」の記述には、研究活動を中断していた期間がある
> 場合にはその説明などを含めてもよい。

(1)　これまでの研究活動

　申請者は、これまでにサンゴ礁と深海における生態系研究に従事して
きたが（査読付き発表論文38本、うち25本は筆頭著者）、2016年から米国・
スクリプス海洋研究所において海洋プラスチック汚染の研究に着手して
きた。本年4月にJAMSTECに移籍してからは、環境省と文科省による
マイクロプラスチック受託研究の研究分担者を務めている。また米国を
中心とする海洋プラスチック国際ワーキンググループ（PAGI）のメンバー
であり（アジア地域からは1人）、海洋プラスチックの国際的な（最先端
の）動向を常に把握している。

H30年4月〜現在：国立研究開発法人海洋研究開発機構（JAMSTEC）・
研究員。環境省「海洋プラスチックごみに係る動態・環境影響の体系的
解明と計測手法の高度化に係る研究」研究分担者、文科省技術開発プロ
グラム「マイクロプラスチックに関わる情報取得のための技術開発」研
究分担者。

H28年3月〜H30年2月：米国・スクリプス海洋研究所（Scripps
Institution of Oceanography, UC San Diego）において日本学術振興会海
外特別研究員．サンゴ粘液の機能について研究を進める傍ら，海洋プラ
スチック汚染の研究に着手してきた。

H26年11月：日本サンゴ礁学会「川口奨励賞」受賞。この賞は，サンゴ礁研究において顕著な学術業績を挙げた若手の日本サンゴ礁学会会員の中から研究の独創性・革新性・波及効果および学会活動への貢献について特に優れた者に授与される。

H26年4月：IOC/WESTPAC第9回 国際科学シンポジウム「Best Young Scientist Oral Presentation Award」受賞。

H24年4月〜H28年3月：国立研究開発法人海洋研究開発機構・ポストドクトラル研究員．環境省・環境研究総合推進費（S9）による「深海化学合成生態系における生物多様性損失の定量評価と将来予測」研究協力者として深海化学合成生態系ベントス多様性保護の観点から優先的に保全すべき海域の選定について研究を進めた。本研究成果は環境省による海洋保護区選定の政策に貢献した。

H23年4月〜H24年3月：日本学術振興会・次世代研究開発支援プログラムによる「琉球島嶼沿岸生態系のリスク評価と保全再生戦略構築」研究協力者。琉球列島広域サンゴ礁　　　　　　　　ンの分布と多様性について調査研究を行っ

H22年4月〜H24年3月　　　　　　　　　　　　　業（Asian CORE Program）　　　　　　　　　教育ネットワーク構築」　　　　　　　　　ンゴ粘液と動物プランク

H22年4月〜H23年3月　　　　　　　　　研究事業による「共同利用・　　　　　　　　ゴ礁における植物・動物プランクト　　　　　　を行ってきた。

この申請書を出したときは、過去に論文も書いたことがないまったく新しいテーマを扱っていたため、紹介できる自身のどんぴしゃ関連論文が1本もなかった。そのため過去にサンゴ礁と深海の研究経験があることを書き、「査読付き発表論文〇本」と書いただけだった。しかし実際には、「業績リスト」も作り、しっかり論文業績もアピールするべきだろう。

申請書全文サンプル

H16 年 4 月〜 H22 年 3 月：日本学術振興会・大型共同研究方式学術交流事業による「アジア諸国多国間共同研究事業（沿岸海洋分野）」研究補佐としてマレーシアサンゴ礁調査に参加。

(2) 研究環境
【研究施設】

　31 − 34 年度に計画している過去 30 年分の映像データや過去に採取された海底堆積物コアの冷凍試料・生物試料は JAMSTEC 関連施設に保管されており、解析・分析は JAMSTEC で行う **(図 14)**。

　同じく 31 − 34 年度に計画している深海プラスチックの調査航海は、JAMSTEC 調査船を利用して行う。すでに 31 年度に黒潮中流—三重会合側線における調査航海を「よこすか」で行うことを計画しているが、32 − 34 年度についても随時航海の申請を行う。もし調査船の利用が難しい場合には、民間漁船等を傭船する。

　全球の海底に沈むプラスチック総量の推定や 30 年 − 50 年後に海底に蓄積するプラスチックの全球シミュレーションには JAMSTEC のスパコン（地球シミュレータ）を利用する。

【研究設備】

　海洋プラスチックの研究には、ポリエチレンやポリプロピレンなどのプラスチックの材質を分析することが必要不可欠で、材質同定のためにはフーリエ変換赤外分光光度計（FTIR）とラマン分光が一般的に使われる。しかし、微小なマイクロプラスチックを検出するための FTIR 顕微鏡やラマン分光顕微鏡は極めて高額である。

　JAMSTEC では、ラマン分光顕微鏡や同じく材質同定が可能なハイパースペクトルカメラといった高額分析器はいつでも使える状況にある **(図 15)**。上記のラマン顕微鏡等では分析できないほど微小なマイクロプラスチックの場合には、（材質はわからないが）計数するための蛍光実体顕微鏡が利用できる。また、海底堆積物や生物からマイクロプラスチック

を抽出するための前処理（密度分離や化学処理）に必要な濾過器・ホットスターラー・超音波洗浄機等、一連の設備もすでに揃っており、本申請研究は確実に実行可能である。

図14

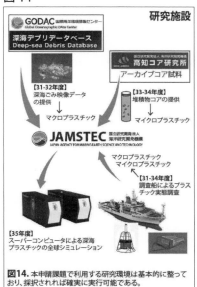

図14. 本申請課題で利用する研究環境は基本的に整っており、採択されれば確実に実行可能である。

図15

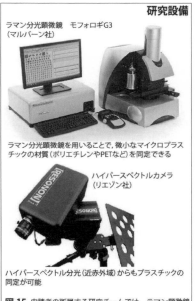

ラマン分光顕微鏡を用いることで, 微小なマイクロプラスチックの材質（ポリエチレンやPETなど）を同定できる

ハイパースペクトル分光(近赤外域)からもプラスチックの同定が可能

図15. 申請者の所属する研究チームでは、ラマン顕微鏡やハイパースペクトルカメラといったプラスチックの材質同定に不可欠な分析器はいつでも使える状態にある。

以降のページには、主要なページの縮小版を掲載する。
実際のレイアウトの参考にしてほしい。

申請書全文サンプル

様式Ｓ－13　研究計画調書（添付ファイル項目）

基盤研究（Ｂ）（一般）1

1　研究目的、研究方法など

本研究計画調書は「小区分」の審査区分で審査されます。記述に当たっては、「科学研究費助成事業における審査及び評価に関する規程」（公募要領109頁参照）を参考にすること。
本欄には、本研究の目的と方法などについて、4頁以内で記述すること。
冒頭にその概要を簡潔にまとめて記述し、本文には、(1)本研究の学術的背景、研究課題の核心をなす学術的「問い」、(2)本研究の目的および学術的独自性と創造性、(3)本研究で何をどのように、どこまで明らかにしようとするのか、について具体的かつ明確に記述すること。
本研究を研究分担者とともに行う場合は、研究代表者、研究分担者の具体的な役割を記述すること。

（概要）

毎年 800 万トンを超える廃プラスチックが海洋に蓄積を続けており、分解されないプラスチックによる汚染、とりわけ回収不可能なマイクロプラスチックによる生態系への影響が懸念され、世界各国が実態把握や排出防止に向けて動いている。海洋ごみには未解明のパラドックスがある。現在、推定 4500 万トンの廃プラスチックが外洋の表層を漂っているはずだが、実際に観測された量はわずか 44 万トンにすぎない（全体の 1％）。**残りの 99％が表層から失われ行方不明となっている（＝The Missing Plastics）。おそらく大部分は深海に沈んでいる。**本申請は、**The Missing Plastics の行方を求めて、アジア諸国から大量のプラごみが流れ込み集積する日本周辺の深海底において、プラごみがどこにどのくらい蓄積しているか、その分布と量を明らかにする。**得られたデータをモデルに組み込み、深海底に沈むプラスチックの総量を全球的にシミュレーションし、The Missing Plastics の謎に答える。

（本文）

（1）学術的背景と核心をなす学術的「問い」

行方不明プラスチックの謎―大部分は深海に？

1950 年から大量生産の始まったプラスチックの生産量は現在までに合計 83 億トン[1]。そのうち 63 億トンが廃棄され、うち 8 割近くは埋め立てられたか環境中に流出した[1]（**図1**）。現在までに**海洋に流出したプラスチックごみ（プラごみ）の総量は控えめに見積もっても 1 億 5000 万トン**ある[1,2]。廃プラスチックのおよそ半分は比重が小さく海水に浮くため[3]、海面を漂う「軽い」プラスチックは 7500 万トンと推定される。その一部は浜辺や沿岸域にとどまるが、6 割以上は外洋に流出し[4]、少なくとも 4500 万トンの軽いプラごみが外洋に浮いているはずである[5]。しかし、観測に基づいて明らかとなった海面プラごみの全球的な総量は 44 万トンにすぎず（全体の 1％）[6,7]、残りの 99％が海面から失われたが、その行方が不明である（＝The Missing Plastics）[8]。軽いプラスチックでも、生物付着が生じると沈降し[9]、また微細化して小さくなったマイクロプラスチックは動物プランクトン等に摂食され糞とともに沈降する[10]。そのため**大部分は深海に沈んだと考えられているが**[11]、**研究例が極めて乏しく**、The Missing Plastics を説明できるほど大量のプラごみはまだ見つかっていない。The Missing Plastics の行方を明かすため、**深海のプラごみを徹底的に調べる必要**がある。

1950年から現在までに生産されたプラスチック総量

83億トン

このうち1.8-4.7%が海洋に流出

控えめに1.8%とすると…

1億5000万トンが海洋に流出

うち約半分は、PETやポリ塩化ビニルのように比重が海水より重く、河口・沿岸の海底に沈降

重いプラスチック
7500万トン
PET

もう半分はポリエチレン(PE)やポリプロピレン(PP)のように比重が海水より軽く、海水に浮く

「軽い」プラスチック
7500万トン
PE PP

一部は浜辺や沿岸にとどまる（約4割）

約6割が外洋に流出*

本来、外洋の海面を漂っているはずの量
4500万トン

しかし…

観測に基づいて明らかとなった外洋に浮遊するプラスチックの総量

44万トン
（4500万トンのわずか1%）

99%が表層から失われた
**行方不明プラスチック
The Missing Plastics**
どこに行ったか分からない

予想外に少ない

ほとんど全部
深海に沈んだ？
本研究で解明する

マイクロプラスチック　マクロプラスチック

図1. 海洋ごみのパラドックス

【1　研究目的、研究方法など（つづき）】

（2）目的および学術的独自性・独創性

深海におけるプラスチックの研究自体が新しい分野である（図2）。日本では沿岸や表層のプラスチックの実態研究が着手され始めているに過ぎず、深海プラスチックの実態はほとんどわかっていない[12]。本研究は、**日本周辺の深海底に集積するプラごみの分布・量の解明**を目指すが、大型プラスチックから微小なマイクロプラスチックまで、深海における分布と量を広範囲にマッピングすることは国際的にも事例がない。日本は、ごみ最大排出国の中国や東南アジアから大量のプラごみが海流によって運ばれてくる海域にあり[13]（図3）、海表面にはたくさんのマイクロプラスチックが浮いている[13]（図4）。そのため**日本周辺の深海底には極めて多量のプラごみが集積している**と予想される。もしそうなら行方不明のプラスチックをかなり説明できることになる。本研究により日本周辺の深海に分布するプラごみの全貌が明らかとなり、今後世界各地で進められる他の深海プラごみ調査結果とあわせて、深海に沈むプラスチックを全球的にシミュレーション可能となる。そして99%の行方不明プラスチックのパラドックスを解明できる。

（3）何をどのようにどこまで明らかにするか

日本周辺の深海に蓄積するプラスチックの分布と量を以下の2つのアプローチから効率的に調べる。

(a) 過去に記録・採取した深海映像データおよび海底堆積物コア試料・生物試料の精査：過去30年間に深海探査機によって記録された深海ごみ映像データから大型のマクロプラスチック量を調査、海底コアと生物試料からマイクロプラスチックを調査し、海底面積あたりのプラごみ量（kg/km2）を解明。

(b) モデル化に最低限必要な海域におけるプラスチック実態調査と全球シミュレーション：プラごみの輸送経路となる海流、最終的に集積する海底の地形を考慮して、モデル化に必要な最低限の海域を絞り、マクロ・マイクロプラスチックの分布と量を明らかにする。プラスチックの排出モデルに組み込み、深海プラスチック量を全球的にシミュレーションする。

深海の海底で実施されたマイクロプラスチックの調査はわずか4例

Chae & An 2017 Mar Poll Bull 96:204-

図2. 世界の海底のマイクロプラスチック調査まとめ。矢印がマイクロプラスチックの報告がある深海底を示す。砂浜、浅海の海底もしくは湖底からの報告は多いが、深海におけるプラスチックの実態はほとんどわかっていない。

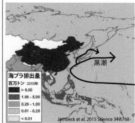

アジアから大量のプラごみが日本へ

黒潮

海プラ排出量
百万トン　2010年
> 5.00
1.00 - 5.00
0.25 - 1.00
0.01 - 0.25
< 0.01

Jambeck et al. 2015 Science 347:768-

図3. 中国と東南アジアから排出されるプラごみだけで、世界のプラごみ排出の約50%に相当する。これらアジア地域から排出された大量のプラごみは、黒潮と対馬暖流によって日本周辺の海域へ運ばれる。

事実、日本周辺海域の表層はマイクロプラスチックのホットスポット

LOGスケール
10^4 　 10^5 　 10^6 　 10^7

日本周辺　1,720,000

北太平洋　105,100

世界平均　63,320

同じ事が深海でも起きてる可能性大

Isobe et al. 2015 Mar Poll Bull 124:618-

図4. 日本周辺海域の表層では世界平均よりも27倍高いマイクロプラスチック濃度が報告されている。同様のことが深海底でも観察される可能性が極めて高い。

申請書全文サンプル

基盤研究（B）（一般）3

【1　研究目的、研究方法など（つづき）】
研究方法
(a) 過去に記録・採取した深海映像データおよび海底堆積物コア試料・生物試料の精査
【日本周辺の深海ごみ映像データ】31-32 年度
JAMSTEC が過去 30 年間に記録してきた深海映像データには、しばしばポリ袋などの海洋ごみが映っており、約 5,000 潜航調査の映像からすでに 1,000 を超すプラごみが確認されている（**図5**）。まず映像に映るポリ袋やペットボトル等の比較的大きなマクロプラスチックを定量する。具体的には、申請者の開発した方法を用いてカメラの画角・深海探査機の高度（m）から映像に映る海底面積を算出する [14]（**図6**）。画像解析によりプラごみの数とサイズを計測し、推定される材質とその比重からプラごみのおよその重量を算出。最終的に、各海域に沈んだマクロプラスチックの海底面積当たりの重量（kg/km²）を見積もる。██

【海底堆積物コア試料・生物試料】33-34 年度
過去にさまざまな深海底で採集し冷凍保存されている海底堆積物コア試料からマイクロプラスチック（MP）を抽出する（**図7**）。ヨウ化ナトリウム溶液（比重 1.6）で堆積物から MP（＋有機物）を密度分離し、塩酸で炭酸カルシウムを除去、硫化鉄＋過酸化水素で有機物を除去し、可能な限り MP だけにした試料をフィルターに捕集。ラマン分光顕微鏡を用いて MP の材質の同定と計数を行う。画像解析により MP のサイズと体積を計測し、材質から判断される比重を乗じて重量を求める。
ホルマリン固定された深海二枚貝や深海サンゴ等の底生生物試料からも MP を抽出する。胃腸・肉片を摘出し、上記方法で有機物を除去してから MP の重量を求める。深海映像データから該当生物の生息面積を推定し、底生生物群集の面積あたりに（一時的に）保存された MP 量（kg/ km²）を算出。最終的に各海域の海底面積当たりの MP 総重量（kg/km²）を見積もる。

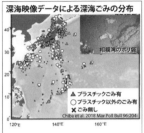

深海映像データによる深海ごみの分布

相模湾のポリ袋

▲ プラスチックごみ有
○ プラスチックごみ以外のごみ有
✕ ごみ無し

Chiba et al. 2018 Mar Poll Bull 96:204-

図5. 日本周辺の深海における潜航調査と海洋ごみの有り無しの記録。これまでに約5,000潜航調査の映像から1,000個を超えるプラスチックごみが確認されている。

深海ごみ映像から定量データの抽出
【31-32 年度】

(a) image on screen
(b)

数とサイズを計測
↓
材質と比重を推定
↓
重量に換算
↓
面積あたりのプラごみ重量（kg/km²）を算出

海底面積を計算
マクロプラスチック

Nakajima et al. 2014 JAMSTEC Rep Res Dev 19:59-

図6. 過去に撮影されたごみ映像から海底面積を計算し面積あたりのマクロプラスチック量を見積もる。図のような斜め映像でもカメラ画角・高度などの情報から画面下半分の面積を計算できる。

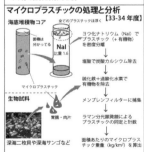

マイクロプラスチックの処理と分析
【33-34 年度】

海底堆積物コア

全てのプラスチックは浮く
画像は分かってる
Nal 比重1.6
マイクロプラスチック

ヨウ化ナトリウム（Nal）でプラスチック（＋有機物）を密度分離
↓
塩酸で炭酸カルシウム除去
↓
硫化鉄＋過酸化水素で有機物を除去
↓
メンブレンフィルターに捕集
↓
ラマン分光顕微鏡によるプラスチックの同定と計数
↓
面積あたりのマイクロプラスチック重量（kg/km²）を算出

生物試料

胃腸・肉片
深海二枚貝や深海サンゴなど

図7. 過去に採取された海底堆積物コア試料と生物のホルマリン試料からマイクロプラスチックを抽出する。

【1　研究目的、研究方法など（つづき）】

（b）モデル化に最低限必要な海域におけるプラスチック実態調査と全球シミュレーション

【日本深海プラスチック実態調査】31-34年度

過去の映像データや既存の試料では不十分なため、実際に深海プラスチックの調査を実施する。ただ日本周辺海域を網羅的に調査することは現実的ではないため、プラごみの輸送経路となる海流、排出源となる人口密集域、最終的に集積していく海底の地形を考慮して、モデル化に必要な海域を絞り（図8）、プラスチックの採集調査を行う。具体的には、選定海域で、海底のドレッジ曳き・映像撮影によるマクロプラスチック調査、堆積物コア採集によるMP調査を実施し、海底面積あたりのプラスチック量を調べる（図9）。

【全球シミュレーション-まとめ】35年度

31-34年度の成果をまとめ、海流・沈降モデルと組み合わせて日本の深海に沈むプラごみの総量を解明するとともに、全球深海プラスチック量のシミュレーションにも取り組む。もちろん日本周辺の深海域（西北太平洋）のデータだけで全球の深海プラスチックを推定することは難しいが、深海プラスチック研究はまさに始まったばかりで、今後5年以内に、インド洋や大西洋など各大洋でも調査データがでてくると期待される。それらを合算し、全球および将来シミュレーションを行う。

本研究の実施体制

本申請は、研究代表者による単独申請だが、実際にはチームとして6名の研究協力者と試料の採集・分析に取り組む（図10）。申請者は米国を中心とする海洋プラスチックの国際ワーキンググループ（PAGI）のメンバーだが、深海プラスチックの全球シミュレーションには、同じPAGIのメンバーでこれまでプラスチック排出モデルを先駆的に研究してきた米国研究者らと共同で行う。

参考文献：1. Geyer et al. 2017 ScienceAdvances 3:e1700782, 2. Jambeck et al. 2015 Science 347:768-771, 3. Plastic Europe (2015) Association of Plastic Manufactures, 4. Lebreton et al. (2012) Mar Poll Bull 64: 653-661, 5. Cozar et al. (2014) PNAS 111: 10239-10244, 6. Eriksen et al. (2014) PLoS One 9: e111913, 7. Law et al. 2010, 8. van Sebille et al. (2015) Environ Res Lett 10: 124006, 9. Ye & Andrady (1991) Mar Poll Bull 22: 608-613, 10. Cole et al. (2016) Environ Sci Technol Lett 50: 3239-3246, 11. Woodall et al. (2014) R Soc Open Sci 1: 140317, 12. Chae & An 2017 Mar Poll Bull 96:204-212, 13. Isobe et al. 2015 Mar Poll Bull 101:619-623, 14. Nakajima et al. 2015 JAMSTEC Rep Res Dev 19:59-66.

【31-34年度】深海プラスチック実態調査側線

図8. モデル化に最低限必要な海域で調査を実施し、海底のドレッジ曳き・堆積コア試料の採集からプラスチック量を調べる。

【31-34年度】

海底ドレッジ　マクロプラスチック

海底堆積物コア　マイクロプラスチック

マルチプルコアラー

【31-32年度】 過去の深海映像データよりマクロプラスチックの定量解析

【33-34年度】 過去のコア試料・生物試料よりマイクロプラスチックの定量解析 See図6-7

面積あたりのプラスチック重量（kg/km²）を算出

日本周辺の深海に沈んだプラスチックの分布と量を広範囲にマッピング

深海プラスチックの全球シミュレーション

図9. 試料採集と解析の流れ

本研究の実施体制チーム

試料の採集・分析

海洋プラスチック研究チーム

総括　中嶋亮太（申請者）　大　A

B　研究支援スタッフ　分析の補助

全球シミュレーション　PAGIメンバー

総括　中嶋亮太（申請者）

図10. 本申請は研究代表者による単独申請だが、実際にはチームとして研究に取り組む。深海プラスチックの全球シミュレーションには米国研究者らと共同で進める。

申請書全文サンプル

基盤研究（B）（一般）5

2 本研究の着想に至った経緯など

本欄には、(1)本研究の着想に至った経緯と準備状況、(2)関連する国内外の研究動向と本研究の位置づけ、について1頁以内で記述すること。

（1）本研究の構想に至った経緯と準備状況

国際的に最大の関心事は「プラスチックはどこに行ったか？」である。我々は海洋に流入したプラスチックの量を知っているが、それがどこに行ったかがわからない。欧米の研究者が海面に浮かぶプラスチックの全球的な量を何度も計算したが、結果は予想外に低く、**過去-現在までに海に排出されたプラスチック全体の 1％も説明できない**（図11）。残り99％の行方不明プラスチックは**おそらく深海に沈んでいる**が、深海調査は予算的・技術的な制約が多く、深海プラスチックの調査は極めて少ない。行方不明プラスチックの謎に答えを出すために、深海、**特にアジア地域から大量のごみが流れてくる日本周辺の深海でプラスチックを調べることは必須**であり本研究の構想に至った。JAMSTECでは、深海のごみ映像データベースを世界に先駆けて公開し（図12）、いつでも映像からごみの定量データを抽出する準備ができている他、海洋プラスチックの研究チームをつくり、調査航海の申請など準備状況は着実である。

（2）国内外の動向と本研究の位置付け

「99％のプラスチックはどこにいったのか？」がホットな話題でありパラドックスである。ほとんどのプラごみは深海に沈んだと考える研究者は多いが[5,6,7,8]、深海プラスチックの実態は国内外でほとんどわかっていない[11,12]。アジア地域から大量のプラごみが海流で運ばれる日本周辺の海域では、表層に浮遊するマイクロプラスチックが世界平均よりも抜きん出て多いことが先行調査で明らかとなっているが[13]、**日本の深海底も同様にプラスチックのホットスポットになっている可能性が極めて高い**。本研究が、マクロプラスチックから微小なマイクロプラスチックまで、日本周辺の深海に沈んだプラスチックの分布と量を世界ではじめて広範囲にマッピングする（図13）。

海洋に流出し、理論上、外洋を漂っているはずのプラスチック **4500万トン**

VS

観測で明らかにされた実際に外洋を漂うプラスチック **44万トン**
（4500万トンのわずか1％以下）

99％のプラスチックが表層から失われ行方不明になっている

⇩

おそらく深海に沈んだ

図11. 海洋ごみのパラドックス（行方不明プラスチック）

http://www.godac.jamstec.go.jp/catalog/dsdebris/j/

図12. 申請者の所属するJAMSTECでは、深海で観察されたごみの映像データベース（深海デブリデータベース）を世界に先駆けて公開し、これらの映像からプラスチックごみの定量データを抽出する準備が整っている。

日本周辺の深海プラスチックマッピングのイメージ

■ マイクロプラスチック（kg/km²）
□ マクロプラスチック（kg/km²）

図13. 世界ではじめて、マクロプラスチックから微小なマイクロプラスチックまで、日本周辺の深海に沈むプラスチックの分布と量を広範囲にマッピングする。

研究経費とその必要性

（金額単位：千円）

年度	設備備品費の明細					消耗品費の明細	
	品名・仕様	設置機関	数量	単価	金額	事項	金額
H31	PC（Mac Pro 3.0GHz 8コア　1TB）	国立研究開発法人海洋研究開発機構	1	465	465	マイクロプラスチック抽出用試薬類（ヨウ化ナトリウム等）	125
H31	ディスプレイ（LG UltraFine 5K）	国立研究開発法人海洋研究開発機構	2	145	290	マイクロプラスチック分析用フィルター類・試料保存容器類	450
H31						ハードディスク8Tバイト（2台）	160
H31				計	755	計	735
H32						マイクロプラスチック抽出用試薬類（ヨウ化ナトリウム等）	135
H32						マイクロプラスチック分析用フィルター類・試料保存容器類	500
H32						ハードディスク8Tバイト（2台）	160
H32				計	0	計	795
H33						マイクロプラスチック抽出用試薬類（ヨウ化ナトリウム等）	250
H33						マイクロプラスチック分析用フィルター類・試料保存容器類	700
H33				計	0	計	950
H34						マイクロプラスチック抽出用試薬類（ヨウ化ナトリウム等）	250
H34						マイクロプラスチック分析用フィルター類・試料保存容器類	700
H34				計	0	計	950

設備備品費、消耗品費の必要性

分析を行う施設（海洋研究開発機構）の研究設備は基本的に整っているため、新たに購入する設備備品は、大量の深海ごみ映像データの解析用パソコン1台とディスプレイ2台を除いてない。消耗品は本研究においてマイクロプラスチックの前処理を遂行するために必要なもの、また深海ごみ映像データを保管するためのハードディスクを計上した。

申請書全文サンプル　　　　　　　　　　基盤研究（B）

基盤研究（B）（一般）11-（1）

（金額単位：千円）

年度	国内旅費の明細 事項	金額	外国旅費の明細 事項	金額	人件費・謝金の明細 事項	金額	その他の明細 事項	金額
H31	採集調査（黒潮中流-三重会合、12日間）	120	ASLO国際会議（米国・6日間）	260	研究支援スタッフ雇用（1名×12ヶ月）	2,400	学会参加費	60
H31	計	120	計	260	計	2,400	計	60
H32	日本海洋学会春大会（5月・東京、3日間）	5	ASLO国際会議（米国・6日間）	260	研究支援スタッフ雇用（1名×12ヶ月）	2,400	学会参加費	70
H32	採集調査（黒潮分岐前-琉球海溝、黒潮中流-南海トラフ、20日間）	200					傭船費（1日10万円×16日間）	1,600
H32	計	205	計	260	計	2,400	計	1,670
H33	日本海洋学会春大会（5月・東京、3日間）	5	ASLO国際会議（米国・6日間）	260	研究支援スタッフ雇用（1名×12ヶ月）	2,400	学会参加費	70
H33	採集調査（津軽暖流中流、10日間）	100					傭船費（1日10万円×8日間）	800
H33	計	105	計	260	計	2,400	計	870
H34	日本海洋学会春大会（5月・東京、3日間）	5	ASLO国際会議（米国・6日間）	260	研究支援スタッフ雇用（1名×12ヶ月）	2,400	学会参加費	70
H34	採集調査（津軽暖流終点-日本海溝、10日間）	100					論文掲載料	300
H34							傭船費（1日10万円×8日間）	800
H34	計	105	計	260	計	2,400	計	1,170
H35			ASLO国際会議（米国・6日間）	260			論文掲載料	300
H35			外国（米国）打合せ旅費（4日間）	190			学会参加費	70
H35	計	0	計	450	計	0	計	370

旅費、人件費・謝金、その他の必要性
2019年度は調査船の利用を予定しているが、それ以降の年は調査船の利用可能性が未知数のため、2020年度-2022年度については傭船する可能性を鑑みて、傭船費用を計上してある。国内および外国旅費として、申請者1名による国内・国際会議での発表にかかる旅費を計上した。分析補助として 最低限必要な人件費（2019年度-2022年度）を計上した。学会参加費と成果発表としての論文掲載料を最低限計上した。

巻末資料

申請書全文サンプル
海外特別研究員

海外特別研究員

　2016年度に採択された、海外特別研究員の申請書（申請内容ファイル）を掲載する。2次選考（面接選考）を免除され、1次選考で採用内定となった書類になる。科研費ではないが、書き方が似ているところもあり、何かしら参考にはなると思う。

　なお、現在の海外特別研究員の申請書の記載項目は、私が採択された年に比べて少し変更されている。令和4年度現在、求められている記載事項は下記のとおりである。

２．【派遣先における研究計画】
　（1）研究の位置づけ
　　　（当該分野の状況／課題等の背景、着想に至った経緯）
　（2）研究目的・内容等
　　　（何をどこまで明らかに／特色・独創的な点／予想されるインパクトや将来の見通し）
３．【外国で研究することの意義（派遣先機関・受入研究者の選定理由)】
４．【人権の保護及び法令等の遵守への対応】
５．【研究遂行力の自己分析】　★

　私の申請当時には「研究業績」という項目だった部分が、★印のように変更されている。他の項目は参考になると考え、当時のまま掲載する。

2．現在までの研究状況

（図表を含めてもよいので、わかりやすく記述してください。様式の改変・追加は不可（以下同様））

① これまでの研究の背景、問題点、解決方策、研究目的、研究方法、特色と独創的な点について当該分野の重要文献を挙げて記述してください。

② 申請者のこれまでの研究経過及び得られた結果について整理し、① で記載したことと関連づけて説明してください。「4.研究業績」欄に記載した論文、学会発表等を引用する場合には、同欄の番号を記載するとともに、申請者が担当した部分を明らかにして記述してください。

①研究の背景

　サンゴ礁は極めて高い生物多様性を有する，学術上極めて貴重な海洋生態系であるが，様々な強い人為的ストレスの影響を受けて存亡の危機にあると言っても過言ではない．その一方で，サンゴ礁生態系の高い生物生産に関してはこれまで数多くの優れた研究があるのに対して，生産された有機物がどのように流通して，その高い生物多様性に貢献しているのかについては，むしろこれから研究が始まろうとしている段階である．生物多様性の観点からは，単なる生産と分解よりも生産物の流通過程の方がはるかに重要な問題である。したがって，サンゴ礁食物網の主要な出発点の１つである「サンゴ粘液」の動態について明らかにする必要がある．

申請書全文サンプル

―問題点―

　「サンゴ粘液」とは造礁サンゴが体外に分泌する有機物の総称 **(図 1)** で，サンゴに共生する藻類（褐虫藻）の光合成産物に由来し，糖タンパク質や多糖，脂質が主な化学成分である．この粘液はサンゴの生育に欠かせない生理的機能に関与しており，例えばストレスに対する防御や餌の獲得，細胞内の代謝調節など，様々な理由から分泌される（Brown & Bythell 2005）．このように化学・生物学の面ではサンゴ粘液の研究は比較的進んできたが，サンゴ粘液の生産速度や生産された後の流通過程といった生物地球化学的・生態学な視点からアプローチした研究は乏しい（中嶋 & 田中 2014）．

―解決方策―

サンゴ粘液がサンゴ礁生態系の物質循環に果たす役割を生物地球化学・生態学の視点から解明する **(図 2)**.

―研究目的・方法― **(図 2a-f)**

1．サンゴ粘液の性質（生産速度，サイズ，栄養価）

　　a．様々な造礁サンゴを飼育して，粘液の放出速度を調査，b．フィルターを用いて粘液を粒子サイズ（溶存態・粒状態）に区分，c．サンゴ粘液の化学組成を精査して，動物の餌としての栄養価を評価する．

2．サンゴ粘液の機能（生物による利用）

　　b．サンゴ粘液の分解実験を行い，細菌による利用を解明，e．粘液の放出に伴う細菌と細菌捕食者（原生動物）の応答を調べ，粘液に始まる微生物食物連鎖の存在を解明，f．動物プランクトンによるサンゴ粘液の利用を調べ，粘液に始まる腐食食物連鎖の存在を解明する．

―特色・独創的な点―

　有機物源としてサンゴ粘液に着目し，そこからスタートする物質フローの研究自体が新しい分野である．サンゴ礁の食物連鎖における物質フローの定量研究は過去に 4-5 例あるが（例えば，Charpy & Chapry-Roubaud 1990; Sakka et al. 2001），いずれの研究もサンゴ粘液を視野に入れていない．本研究では，物質循環にサンゴ粘液を取り入れてサンゴ礁生態系のプロセスの解明を目指している．

図1. 造礁サンゴの放出する粘液. 申請者の論文が Bulletin of Marine Science 誌のウェブサイトで特集 された際の記事から引用（Nakajima et al. 2010）

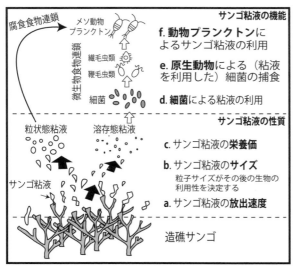

図2. 研究目的. 造礁サンゴの放出する粘液の a. 放出 速度，b. 粒子サイズ，c. 栄養価を明らかにし，さら には d. 細菌，e. 原生動物，f. より大型のメソ動物プ ランクトンによるサンゴ粘液の利用性について解明

▶▶カバー内側にカラーを掲載

②申請者のこれまでの研究経過・得られた結果

1．サンゴ粘液の性質

サンゴ粘液の放出速度と粒子サイズ（図3）

　造礁サンゴの放出する粘液の大部分（60-70%）は溶存態であることを明らかにした（申請者が調査から論文執筆まで担当）．これはサンゴが粒状態よりも溶存態粘液を多く放出することを示した先駆的研究である．その後，同様の論文が追随している（例えば，Naumann et al. 2010）・・・発表済査読付き論文（11,13）

サンゴ粘液の栄養価（表1）

　サンゴ粘液の化学組成について報告した過去の文献を精査し，サンゴ粘液のタンパク質／エネルギー（カロリー）比を計算して，サンゴ粘液の栄養価を初めて評価した．その結果，植物プランクトンや付着藻類，藻類デトリタス，魚類糞粒と比較しても，サンゴ粘液の栄養価は同レベルかそれ以上高いことが明らかとなった（申請者が調査から論文執筆まで担当）・・・発表済査読付き総説（1）

2．サンゴ粘液の機能

細菌によるサンゴ粘液の利用（図4）

　サンゴ粘液の分解実験を行い，細菌は粘液中の溶存有機炭素を消費して24時間以内に細菌数を1オーダー増加させることを示した（図4は結果の1部）．また，粘液に含まれる高濃度の無機リンが，細菌数増殖に寄与する要因の1つであることを示し，サンゴ粘液は細菌の良い栄養源であることを解明した（申請者が調査から論文執筆まで担当）・・・発表済査読付き論文（2,13）

サンゴ粘液に始まる微生物食物連鎖（図5）

　細菌密度は，サンゴの量が増大するほど（＝粘液の放出量が増大するほど）高く，それに応じて細菌捕食者（鞭毛虫）の密度も増大することを示し，現場スケールで粘液に始まる微生物食物連鎖の存在を明らかにした（申請者が調査から執筆まで担当）．・・・発表済査読付き論文（6）

動物プランクトンによるサンゴ粘液の利用（図6）

サンゴ礁は貧栄養のため植物プランクトンの生産量は小さいが，豊富なメソ動物プランクトンが現存する．少ない植物プランクトンだけでは動物プランクトンの餌要求量を満たせず，代わりに豊富に存在するデトリタスを利用することを解明したが，そのデトリタスの起源はサンゴ粘液であることを C/N 比から明らかにした（申請者が調査から論文執筆まで担当）．・・・発表済査読付き論文（4,9）

引用文献：Brown & Bythell（2005）*Mar Ecol Prog Ser* 296: 291-309; Charpy & Chapry-Roubaud（1990）*Hydrobiologia* 207: 43-52; Naumann et al.（2010）*Coral Reefs* 29: 649-659; 中嶋 & 田中（2014）日本サンゴ礁学会誌 in press；Sakka et al.（2001）*J Plankton Res* 24: 301-320.

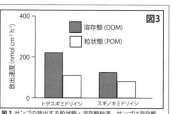

図3. サンゴが放出する粒状態・溶存態粘液. サンゴは溶存態の有機物を多く放出していた.

表1. サンゴ粘液とその他の餌資源の栄養価の比較

餌資源	栄養価（タンパク質/カロリー比）
植物プランクトン	18-22
付着藻類	8-9
付着藻類デトリタス	10-11
魚類糞粒	10-21
サンゴ粘液（フレッシュ）*	11-18
サンゴ粘液（凝集物）**	25-32

* 放出直後
** 懸濁粒子を捕捉（付着）した凝集態

表1

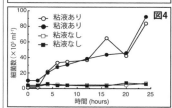

図4. サンゴ粘液の 24 時間培養による細菌数の増大. 粘液の添加が細菌数を増大させる様子がわかる.

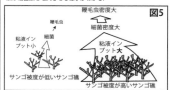

図5. サンゴ被度が高いほど（＝サンゴ粘液量増大）細菌密度は高くなり，それに応じて細菌捕食者の密度も増大する. サンゴ粘液に始まる微生物食物連鎖を示した.

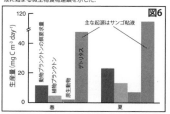

図6. 動物プランクトンの餌要求量は植物プランクトンでも原生動物の生産量でも満たせないが，デトリタスなら満たせる. C/N 比からデトリタスの主な起源はサンゴ粘液と推定された.

▶▶カバー内側にカラーを掲載

申請書全文サンプル

3. 派遣先における研究計画

> (1) 研究目的・内容（図表を含めてもよいので、わかりやすく記述し
> 　　てください）
> ①研究目的、研究方法、研究内容について記述してください。
> ②どのような計画で、何を、どこまで明らかにしようとするのかを、
> 　年次毎に（1年目、2年目）分けて具体的に記入してください。
> ③なお共同研究の場合には、申請者が担当する部分を明らかにしてく
> 　ださい。

―研究目的―

　近年では全球的気候変動や富栄養化，魚の乱獲といった人間活動によるストレス要因が，徐々に造礁サンゴ群集の衰退を招いて非石灰化藻類に取って代わる，いわゆるフェーズシフトを引き起こすと言われている（図7左，Hughes et al. 2007）．サンゴの放出する粘液はサンゴ礁の効率の良い物質循環を実現しているが，仮に造礁サンゴが非石灰化藻類（以下，底生藻類という）にシフトした場合，底生藻類の放出する有機物は懸濁粒子を捕捉できるほどの粘性がないこと，また難分解な性質をもつことから，サンゴ礁の生物地球化学的プロセスと機能は失われると警告されている（Wild et al. 2008; Haas et al. 2011）．

　一方で，近年その進行が危惧されている海洋酸性化については，海洋酸性化により造礁サンゴ群集はソフトコーラル群集にシフトする（図7右）と予測されている（Inoue et al. 2013）．ソフトコーラルも粘液を放出するため，サンゴ礁の将来予測のためにはソフトコーラル粘液の動態を明らかにする必要があるが，現在のところソフトコーラル粘液の性質・機能については全く情報がない．そこで本研究では，ソフトコーラル粘液の性質・機能を解明し，将来サンゴ礁で起こり得る生態学・生物地球化学的プロセスを予測する．

将来予想されるサンゴ礁のフェーズシフト
ーそれに伴う「粘液」の動向ー

造礁サンゴ群集
（健全なサンゴ礁）

Wild et al. 2008

サンゴ粘液

生態系の効率の良い
物質循環を実現

・易分解性
・高い粒子捕捉能力
　（エネルギー輸送体
　として機能）

温暖化
富栄養化
草食魚の乱獲

フェーズ
シフト

温暖化
富栄養化
海洋酸性化

非石灰化藻類群集

Wild et al. 2008

ソフトコーラル群集

井上 & 高橋 2014

底生藻類粘液

・難分解性
・低い粒子捕捉能力

ソフトコーラル粘液

？

本研究で解明する

図7. 将来予想されるサンゴ礁群集のフェーズシフト．これまで
は藻類群集にシフトすると考えられてきたが，最近では海洋酸
性化の進行によりソフトコーラル群集が造礁サンゴ群集に取っ
て代わり優占すると予想されている．本研究では，ソフトコー
ラルへのシフトに伴う生態系プロセスを予測するため，**ソフト
コーラル粘液の性質・機能を初めて解明する**．

申請書全文サンプル

一研究内容（何をどこまで明らかにするのか）

【1 年目】ソフトコーラル粘液の放出速度と微生物の増殖基質としての機能の解明**（図 8a-c）**

　ソフトコーラル粘液の放出速度と粒子サイズを調べるとともに，粘液の存在する系と存在しない系（コントロール）で微生物の培養・分解実験を行い，ソフトコーラル粘液の微生物増殖基質としての機能を解明する．同様の実験を造礁サンゴでも行い比較する．

【2 年目】ソフトコーラル粘液の粒子捕捉装置としての機能および底砂における分解速度の解明**（図 8d-e）**

　ソフトコーラル粘液が，その粘性で単位時間・単位容積あたりに，周囲の懸濁粒子をどのくらい捕捉できるか，現場培養チャンバーを用いて明らかにする．また，捕捉して凝集物となった粘液が沈降して海底で分解される速度を明らかにする．以上 2 つの研究より，造礁サンゴ群集がソフトコーラル群集へシフトした際の生態学・生物地球化学的プロセスを予測する．

引用文献：Inoue et al.（2013）Nature Clim Change 3: 683-687; Haas et al.（2011）PLoS One 6: e27973; Hughes et al.（2007）Curr Biol 17: 360-365; Wild et al.（2004）Nature 428: 66-70; Wild et al.（2008）Proc 11th Int Coral Reef Symp 2: 1319-1323; 井上 & 高橋（2014）日本サンゴ礁学会誌 in press.

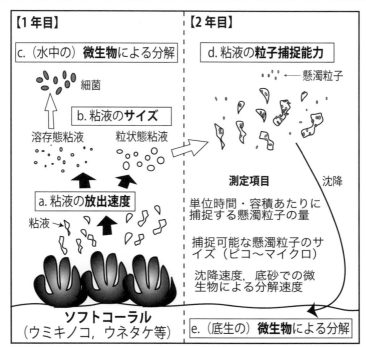

図8. 研究内容．ソフトコーラルの放出する粘液の，a. 放出速度，b. 粒子サイズ，c.（水中の）微生物による分解速度，d. 粒子捕捉能力，e. 沈降速度と底砂での微生物による分解速度について明らかにする．

申請書全文サンプル

―研究方法―

【1年目】 ソフトコーラル粘液の放出速度と微生物の増殖基質としての機能（図9a）

　実験は，スクリプス海洋研究所の調査フィールド（ポリネシア・モーレア島）で行う．飼育実験より，ソフトコーラルの呼吸速度，共生藻の光合成速度，粘液の放出速度を測定し，それに伴う浮遊微生物の成長速度，酸素・有機物消費速度を測定する．同様の実験を造礁サンゴでも行い，造礁サンゴとソフトコーラルの放出する粘液が微生物群集に与える影響を比較する．

【2年目】 ソフトコーラル粘液の粒子捕捉装置としての機能および底砂での分解速度（図9b）

　干潮時に空気中に露出したソフトコーラルから粘液を採集する．微小ビーズや植物プランクトンを添加した海水の入った培養チャンバーに粘液を注入し，数時間ゆるやかに撹拌培養した後，チャンバー内のビーズまたは植物プランクトン量を調べ，粘液による粒子除去能力（＝捕捉能力）を解明する．

　また，堆積物（底砂）上に設置した現場培養チャンバーに粘液を注入し，チャンバー内の水中と堆積物中の酸素／溶存無機炭素濃度の変化を調べ，堆積物中の微生物による粘液分解の寄与を解明する．

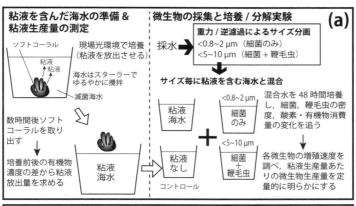

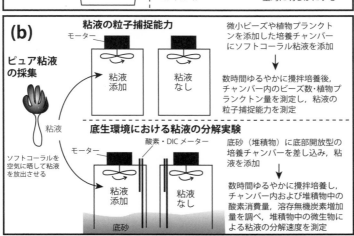

図 9. 研究方法. (a)1 年目：フトコーラルを培養し粘液を含んだ海水を作る. 海水をサイズ分画し微生物を分類した後，粘液海水と混合，培養して，粘液生産量あたりの各微生物の生産量を調べる. **(b)2 年目**：攪拌培養チャンバーを用いてソフトコーラル粘液が存在する・しない系において粒子除去率および有機物分解速度を調べる.

（2）研究の特色・独創的な点

次の項目について記載してください。

①これまでの先行研究等があれば、それらと比較して、本研究の特色、
　着眼点、独創的な点
②国内外の関連する研究の中での当該研究の位置づけ、意義
③本研究が完成したとき予想されるインパクト及び将来の見通し

①本研究の特色，着眼点，独創的な点

　サンゴ礁の衰退により，造礁サンゴ群集が底生藻類へシフトする可能性は比較的早くから指摘されてきたが，海洋酸性化によるソフトコーラル群集へのシフトは報告されたばかりである（Inoue et al. 2013）．本研究では造礁サンゴに代わり優占する生物として（底生藻類ではなく）ソフトコーラルに注目し，物質循環にソフトコーラル粘液を取り入れて，サンゴ礁生態系の理解を目指している．ソフトコーラル粘液の性質・機能に焦点を当てた研究は国際的にも事例がない．

②関連する研究の中での当該研究の位置づけ，意義

　藻類への群集シフトをもとにしたモデル作成やシミュレーションは多くの報告があり，藻類による粘液（有機物）の放出速度や性質，微生物の応答も定量的に評価されている（例えば，Wild et al. 2008; Haas et al. 2011, 2013）．それに対し，他の生物（ソフトコーラル，海綿，海草など）では，藻類に比べると実測の研究報告が圧倒的に少なく，定量的な予測がなされていない．本研究では，ソフトコーラルが放出する有機物からスタートする物質循環に着目し，将来のサンゴ礁像を描く．

③予想されるインパクト及び将来の見通し

　海洋酸性化に伴い，造礁サンゴに代わって藻類が優占する可能性も指摘されているが（Kroeker et al. 2012），実際に藻類が被度 50% を持つ状

態にあるサンゴ礁はカリブ海で 4%，インド太平洋で 1% に満たず，藻類が優占するパターンの生態系シフトは考えられているよりも一般的ではない（Bruno et al. 2009）．そのため酸性化環境に強く，密生群集して高い被度をもつことが可能なソフトコーラルに群集がシフトする可能性が高い（Inoue et al. 2013）．本研究の完成により，世界中のサンゴ礁において将来予測される生態系・生物地球化学プロセスの変化について総合的な理解の一助となる．

(3) 外国で研究することの意義（派遣先機関・指導者の選定理由）

①申請者のこれまでの研究と派遣先機関（指導者）の研究との関連性について記述してください
②国内外の他研究機関（研究者）と派遣先機関（指導者）とを比較し、派遣先で研究する必要性や意義について明らかにしてください。（フィールドワーク・調査研究を行う場合、派遣先地域で研究する必要性や意義を中心に述べても構いません。）

①これまでの研究と派遣先との関連性

　申請者はこれまでに，造礁サンゴの放出する粘液の生態学的役割（特に微生物群集に与える影響）について精力的に研究を進め，すでにサンゴ粘液に関する総説も発表している（中嶋 & 田中 2014）．その一方で，派遣先のスクリプス海洋研究所・Smith 博士の研究室では，底生藻類を中心とした幅広い底生生物を対象にサンゴ礁環境について網羅的に研究を行っている．特に造礁サンゴと底生藻類の放出する有機物の性質と機能の比較研究においては世界トップである（例えば，Barott et al. 2012; Nelson et al. 2013; Haas et al. 2013）．

　スクリプス海洋研究所・Smith 博士らは，ソフトコーラルの放出する有機物の性質と機能について研究意欲が強いが，同生物は生態的な情報も乏しいことから，現在まで研究に着手できずにいる．申請者は，琉球

申請書全文サンプル

大学の実験所において3年以上にわたり造礁サンゴの粘液について研究してきたが，その傍らでソフトコーラル研究者と共に実験・ディスカッションを重ねており，そのためソフトコーラルに関する情報を広く持っている申請者の知見は非常に歓迎されている．申請者とSmith博士の意見交換を通し，相互の技術・知見を融合させることにより，世界で始めてソフトコーラル粘液の性質・機能を解明し，造礁サンゴ群集がソフトコーラル群集にシフトした際の生態系プロセスの将来予測を実現できると確信している．

②派遣先で研究する意義

　底生生物の放出する有機物の動態に関する研究は，国内外のいくつかの研究機関で行われており，造礁サンゴと底生藻類の作り出す粘液（有機物）の生産や分解に関する知見が蓄積されつつある．その中で，人間活動のストレス要因に伴うサンゴ礁の環境 - 底生生物の応答と相互作用の解明を目指している研究機関は限られており，スクリプス海洋研究所・Smith博士の研究室はその代表的な研究機関である（例えば，Mcleod et al. 2012; Smith et al. 2006）．本申請課題は，現在進行が危惧されている海洋酸性化によって優占的に広がると予測されているソフトコーラルが放出する粘液の性質と機能を解明し，その生態系プロセスへの応用を最終目的においており，同研究室で得られる知見は本申請課題を遂行するにあたって必須である．

　申請者はこれまで，ビーカーやボトルといった単純な器具を用いてサンゴ粘液の物質循環における役割（主に微生物に対する影響）についての研究を行ってきた．しかし，本申請にて発案したソフトコーラル粘液の粒子捕捉装置としての機能や底生環境における分解速度に関する研究では，特殊な現場培養装置など **(図10)**，新規の技術および知見が必要となる．派遣先であるスクリプス海洋研究所・Smith博士の研究室では，現場（水中）環境における造礁サンゴおよび藻類粘液の分解等に関する研究を精力的に行っている（例えば，Haas et al. 2011, 2013）．また，

Smith 研究室は，同じくスクリプス海洋研究所に所属する Rohwer 博士（海洋微生物学者）と共同で底生生物 - 微生物カップリングの研究を精力的に進めており，現在サンゴ礁生態系の微生物研究では世界トップクラスである．そのため，本申請課題にて計画されているソフトコーラル粘液の微生物による分解プロセスの解明を行うにあたり，同研究室のスキルは欠くことができない．本申請課題の遂行には，スクリプス海洋研究所が最適な派遣先研究機関である．

図 10. スクリプス海洋研究所・Smith 博士の研究室とそれに関連する研究者が用いている現場培養装置の例．Smith 研究室では底生生物の放出する有機物の動態研究について，現場での実測を含めて様々なノウハウを持っている.

▶▶カバー内側にカラーを掲載

引用文献：Barott et al.（2012）Mar Ecol Prog Ser 460: 1-12; Mcleod et al.（2012）Front Ecol Environ 11: 20-27; Nelson et al.（2013）ISME 7: 962-979; Smith et al.（2006）Ecol Let 9: 835-845; Haas et al.（2011）PLos One: e27973; Haas et al.（2013）Peer J: e108; 中嶋 & 田中（2014）日本サンゴ礁学会誌 in press.

申請書全文サンプル

４．研究業績　（抜粋して掲載）

(1) 学術雑誌等に発表した論文（査読有り）：16 件

1. Nakajima R, Yamakita T, Watanabe H, Fujikura K, Tanaka K, Yamamoto H, Shirayama Y. Species richness and community structure of benthic macrofauna and megafauna in the deep-sea chemosynthetic ecosystems around the Japanese Archipelago: an attempt to identify priority areas for conservation. Diversity and Distributions, 巻・頁未定 (doi:10.1111/ddi.12204), 2014

2. Nakajima R, Tanaka T, Fujisawa T, Yoshida T, Nakayama A, Fuchinoue Y, Othman BHR, Toda T. High inorganic phosphate concentration in coral mucus and its utilization by heterotrophic bacteria in a Malaysian coral reef. Marine Ecology, 巻・頁未定 (doi:10.1111/maec.12158), 2014

3. Nakajima R, Lindsay DJ, Yoshida T, Othman BHR, Toda T. Short-term temporal variation in gelatinous zooplankton populations over 48 hours in a coral reef at Redang Island. Marine Ecology, 巻・頁未定 (doi: 10.1111/maec.12069), 2014

<以下省略>

学術雑誌等に発表した論文（査読無し）：２件

1. Nakajima R, Yoshida T, Shibata A, Othman BHR, Toda T. Size composition of particulate organic matter in a coral reef at Tioman Island, Peninsular Malaysia. Proceedings of International Conference on Marine Ecosystem, 209-220, 2009

<以下省略>

(2) 学術雑誌等における総説（査読有り）：１本

1. 中嶋亮太, 田中泰章. サンゴ礁生態系の物質循環におけるサンゴ粘液の役割―生物地球科学・生態学の視点から―. 日本サンゴ礁学会誌, 巻・頁未定, 2014（2014 年 1 月 18 日受理）

(3) 国際会議における発表（口頭・査読有り）：７件

1. ○ Nakajima R, Tsuchiya K, Nakatomi N, Yoshida T, Tada Y, Konno

F, Toda T, Kuwahara VS, Hamasaki K, Othman BHR, Segaran TC, Effendy AWM. Enrichment of microbial abundance in the sea-surface microlayer over a coral reef. WESTPAC 9th International Scientific Symposium, O.5.28, Nha Trang (Vietnam), April 2014

＜以下省略＞

国際会議における発表（ポスター・査読有り）7 件

1. ○ Nakajima R, Kuwahara VS, Kawamura S, Othman BHR, Kushairi MRM, Toda T. Changes in reef-coral communities of Peninsular Malaysia. Biodiversity in Changing Coastal Water of Tropical and Subtropical Asia 2012, Abstract p. 19, Amakusa (Japan), December 2012

＜以下省略＞

(4) 国内学会における発表（口頭・査読無し）：14 件

1. ○中嶋亮太, 山崎春華, 中富伸幸, 戸田龍樹, 坂巻隆史, 栗原晴子. サンゴ礁域におけるメソ動物プランクトン群集の栄養構造. 2014 年度日本海洋学会春季大会, 要旨集 p.134, 東京海洋大学, 2014 年 3 月

＜以下省略＞

(5) 特許　なし

(6) その他
受賞
IOC/WESTPAC 9th International Science Symposium（開催地：ベトナム・ニャチャン）において Best Young Scientist Oral Presentation Award 受賞（2014 年 4 月 24 日）

招待講演
Nakajima R. Advanced techniques in biogeochemical cycle studies: techniques in coral mucus study. International Postgraduate Conference on Biotechnology (IPCB) 2011, University of Malaysia, Terengganu (Malaysia), 18 December 2011.

おわりに

　科研費の申請書の書き方を知りたければ、採択された申請書を知り合いから見せてもらうのが一番いい。採択された書類を真似するのが一番の近道だからだ。しかし、気軽に「見せて」とお願いできる人が周りにいないこともあるだろう。頼まれる側も、努力して獲得した科研費の申請書を気軽に見せたいとは思わないかもしれないし、見せられない事情もあるだろう。

　私自身は、学位取れたての頃に周りに気軽に聞ける人もいなかったし、採択されている人も少なかったと思う。自信満々で提出した科研費書類は3度連続で不採択を経験した。「どうやったら通るのだろう？」と科研費シーズンになるとインターネットや本からヒントを得ようとしていた。そんな中、大学で開かれた科研費セミナーに参加して、科研費をいつも獲ってくる教授の話に必死に耳を傾け、メモを取り、できることは実践した。

　行間を読ませない。相手に考えさせずに答えを示す。多少恥ずかしくてもクリアに、世界一くらいポジティブに書く。余白を残さずびっしり端をつめて書く。予備実験がすんでいる内容を、あたかもこれからやるかのように書く。など。

　初めて採択されたときは嬉しかった。採択された調書は宝だ。「私の採択された調書をあげるから、あなたの採択されたやつをちょうだい」と周りに頼んだことも何度もある。他人の採択された調書って実は結構見てみたいもので、この give and take の提案に皆快く OK してくれた。海洋研究開発機構に来てからは、定期的に開催される科研費セミナーがすごく役立った。内部の審査委員経験者の話や、科研費を獲るのがうまい人の話、外部講師の話など。採択書類を期間限定で閲覧する仕組みもあった。これらが確実に次の採択に結びついた。

　本書は、主に海洋研究開発機構で学んできた調書の書き方・まとめ方のエッセンスをまとめたものである。審査委員経験者の裏話、採択・不

採択だったときの比較、書き方のノウハウなどインタビューして得た情報を盛り込んだ。多くの方の参考になると思い、私自身の調書だけでなく、同僚の貴重な調書も掲載させていただいた。

　論文を書く、研究費を獲る、どちらも研究者として欠かせない作業である。研究費を獲るためには、自分のやっていることを人に面白く伝える力が必要。自分の研究の意義や社会的な重要性をはっきり伝えないといけない。科研費の申請書を書くことは、自分の研究を広い分野の人に正確に理解してもらい、アピールする場になる。ぜひ、論文を書くときと同じレベルで科研費の申請書を書いてほしい。

―謝辞―

　最後に、本書の制作に寛大な協力をしてくださった以下の方々に心から御礼申し上げます。

* 申請書の実例を提供してくださった方々
　　野牧　秀隆（海洋研究開発機構）*
　　松岡　大祐（海洋研究開発機構）*
　　磯部　紀之（海洋研究開発機構）*
　　川口　慎介（海洋研究開発機構）*
　　長野　由梨子（海洋研究開発機構）*
　　井町　寛之（海洋研究開発機構）
　　大河内　直彦（海洋研究開発機構）
　　金谷　有剛（海洋研究開発機構）
　　千葉　早苗（海洋研究開発機構、現在：北太平洋海洋科学機構 PICES）
　　長島　佳菜（海洋研究開発機構）
　　野口　真希（海洋研究開発機構）
　　原田　尚美（海洋研究開発機構、現在：東京大学大気海洋研究所）
　　光山　菜奈子（海洋研究開発機構・外部資金課）
　　矢吹　彬憲（海洋研究開発機構）
　　粕谷　健一（群馬大学）

著者の私は本書を書くための情報収集に徹し、原稿の構成と草稿はほとんど編集担当の玉木裕子さんにお願いしました。この場を借りて深く感謝いたします。

　令和4年7月

著者

参考資料

児島　将康　科研費獲得の方法とコツ：
　　　　　　申請書作成の重要チェックポイント10
　　　　　　2019年海洋研究開発機構科研費セミナー（2019年9月20日）

坪田　一男　理系のための人生設計ガイド　経済的自立から教授選、会
　　　　　　社設立まで　　　　　　講談社ブルーバックス（2008年）

見本・例文を検索する

目次からは探しづらい、ページ見本、図版、例文などを簡単に検索するインデックスです。下記キーワードと同じ表現で取り上げられているとは限りませんが、該当する図表や記載例などがそのページにあります。

キーワード	掲載ページ
申請書1ページ目	44, 53, 54, 57, 58, 59, 60, 124, 128, 129, 160, 161, 163, 164, 165, 178, 187, 188, 189
申請書2ページ目	48, 166, 167, 179, 190, 191
(学術的) 背景	39, 40, 41, 42, 44, 53, 54, 59, 126, 127, 128, 138, 139, 154, 155, 160, 161, 164, 165, 187
何をどこまで…明らかに	48, 156, 166, 167, 194, 195
着想に至った経緯など	130, 131, 138, 172, 173
自業績の引用	51, 160, 161, 171, 190, 191, 201
自研究の位置づけ	60, 130, 131, 172, 173, 186, 198
斬新性・チャレンジ性	146, 147, 148
独自性・独創性	48, 127, 128, 157, 166, 167, 188, 198
予備データ・事前データ	52, 190, 191
準備状況	130, 132, 172, 173
概念図 (ポンチ絵)	44, 53, 54, 57, 58, 59, 60, 128, 129, 165, 178, 189
研究体制	61, 62, 130, 133, 149, 170, 171
研究計画・進行表	63, 103, 149, 159, 181, 192
研究方法	67, 70, 159, 168, 169, 170, 171, 188, 196, 197
業績・論文リスト	77, 78, 81, 135, 174, 175, 176, 202, 203
研究遂行能力	78, 132, 174, 175
研究環境	83, 84, 176, 177
研究予算	86, 87, 134, 183, 184

著者略歴

中嶋　亮太（なかじま　りょうた）

博士（工学）。国立研究開発法人海洋研究開発機構（JAMSTEC ジャムステック）グループリーダー。専門は生物海洋学。1981 年東京生まれ。2009 年創価大学大学院博士課程修了後、同大学助教、JAMSTEC ポストドクトラル研究員、日本学術振興会海外特別研究員（米国スクリプス海洋研究所）を経て、2018 年から現職。日本海洋学会「環境科学賞」および日本サンゴ礁学会「川口奨励賞」受賞。
＜著書＞
『海洋プラスチック汚染』（岩波書店）
『海のよごれは、みんなのよごれ　海洋ごみ問題を考えよう！』（教育画劇・監修）
『マングローブ林の生態系生態学』（東京農業大学出版会・分担翻訳）
『深海と地球の事典』（丸善出版・分担執筆）
『暮らしの図鑑　エコな毎日　プラスチックを減らすアイデア 75 ×基礎知識×環境にやさしいモノ選びと暮らし方』（翔泳社・共著）

装丁──── 菊池　祐（株式会社ライラック）

狙って獲りにいく！科研費
採択される申請書のまとめ方

2022年8月20日　第1刷発行
2024年6月 6 日　第3刷発行
著　者──中嶋　亮太
発行者──徳留　慶太郎
発行所──株式会社 すばる舎
　　　　　〒170-0013　東京都豊島区東池袋 3-9-7 東池袋織本ビル

　　　　　TEL 03-3981-8651
　　　　　　　　03-3981-0767（営業部直通）
　　　　　FAX 03-3981-8638
URL────https://www.subarusya.jp/
印　刷──ベクトル印刷 株式会社